AF468231

DISCOURS

SUR

L'ABBÉ SUGER,

ET

SUR SON SIÈCLE,

PAR M. DE LAUSSAT.

Sine ira & ſtudio, quorum cauſas procul habeo.

TAC. *Annal. l.* I.

NOUVELLE ÉDITION.

A GENEVE.

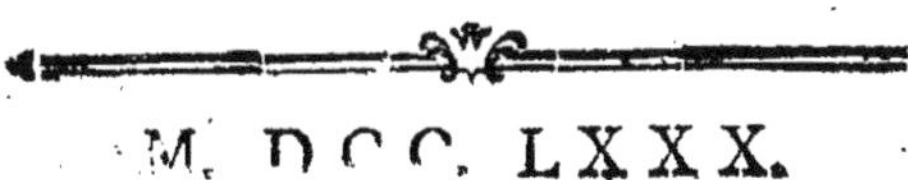

M. DCC. LXXX.

A PARIS,

Chez BARROIS, aîné, Libraire, quai des Auguſtins, du côté du Pont Saint-Michel.

AUX ÉTATS GÉNÉRAUX DE LA PROVINCE DE BÉARN.

MESSIEURS *,

IL y a tant de douceur pour le Citoyen heureux à s'entretenir &

(*) Il étoit bien difficile que Rousseau ayant

à s'occuper de ſa Patrie, que je me ſuis aiſément perſuadé pouvoir vous offrir aujoud'hui, avec quelque confiance, ce précoce eſſai de mes foibles talens, non comme un hommage digne de vous, mais comme le premier élan d'un de vos jeunes Aſſociés, empreſſé de vous conſacrer publiquement ſes travaux & ſes veilles, & de dépoſer en vos

---

dédié, avant moi, un de ſes Ouvrages à ſes Concitoyens, & ſa Dédicace étant un modèle, je me défendiſſe entièrement de l'imiter. C'eſt ce qui eſt arrivé : je n'ai pas honte d'en faire l'aveu, j'en aurois beaucoup d'être pris pour plagiaire. Nos idées ſe ſont rencontrées quelquefois, ce qui étoit aſſez naturel ou plutôt inévitable. Elles m'ont toujours paru couler chez moi de ſource ; je n'ai garde de me flatter que le Lecteur ne s'en apperçoive pas à ma manière. Je puis l'aſſurer que mon Maître m'a plus d'une fois autant gêné que ſervi.

mains un gage ſolemnel de ſon amour pour la Patrie.

Pendant que j'eſquiſſois ce TABLEAU DE SUGER ET DE SON SIÈCLE, mes yeux ſe tournoient ſouvent ſur elle, & je m'énorgueilliſſois en ſecret de la trouver, dans ces tems reculés, auſſi ſupérieure par ſa conſtitution & ſes mœurs au reſte de la France, qu'elle l'eſt encore aujourd'hui à une grande partie de l'Europe. Après avoir admiré nos pères, ſe ſignalant parmi des héros ſous les murs de Nicée, d'Antioche & de Jéruſalem, j'aimois à les reconduire dans leurs foyers, à les ſuivre dans les détails trop oubliés de leur vie domeſtique, à me repréſenter (1) la ſimplicité de ces grandes ames ſur celle de leurs loix,

Marca, hiſtoire de Béarn, l. 5, c. 7 & ſuiv.

& à les contempler, détournant ou expiant par des ſacrifices de ſang humain, les atteintes dont l'auguſte liberté étoit menacée au milieu d'eux, & frappée dans toutes les autres parties des anciennes Gaules.

Ibid. l. 6. c. 6.

Votre poſition actuelle eſt plus paiſible & n'en eſt pas moins la plus favorable au bonheur; vous avez été changés en Province d'un grand État, non pour être tombés dans ſa dépendance, mais pour lui avoir créé un juſte Conquérant & le meilleur des Rois: ſon nom eſt encore ſur toutes les langues, le ſouvenir de ſes vertus dans tous les cœurs, & nos Souverains s'applaudiſſent moins des titres qui leur donnent la Couronne, que de ceux qui les font deſcendre d'un de vos Citoyens,

Ainſi, vous vous trouvez remparés des forces d'un vaſte Empire, riches de l'abondance de ſes reſſources, & comme perdus ſur la ſurface étendue de ſes terres, (car l'obſcurité elle-même a ſon prix & ſes douceurs : je ne rougis pas, MESSIEURS, de la vanter à vos yeux) & cependant l'aviliſſement de la défaite & du joug n'a ni flétri & baiſſé vos fronts, ni reſſerré vos âmes ; la conſervation de vos Priviléges n'eſt point une grace, & le langage un peu fier & un peu enthouſiaſte des Républiques, n'eſt ni étranger, ni meſſéant dans vos bouches.

Vous êtes gouvernés par vos (2) propres loix, & ces loix n'avouent ſur la terre de juges dignes de vous, que vos ſeuls Magiſtrats : diſtinction flatteuſe & bien réfléchie ! En effet, quelles lumières, quelle vigilance, quelle ardeur n'apporteront point, au maintien de nos inſtitutions ſociales, des Citoyens accoutumés à les regarder dès leur enfance comme le Patrimoine le plus cher de nos communs Ayeux ; & avec quel tendre intérêt ils rétabliront & conſerveront la paix parmi leurs Compatriotes, ceux qui nourris des mêmes principes les ont toujours enviſagés comme des frères ! Mais autant votre Code de Légiſlation s'eſt montré ſage & digne de votre confiance, par le choix excluſif de ſes reſpectables gardiens, autant il eſt par lui-même ſolide & précieux. Recueil preſque ſimple des usages & des maximes les plus antiques du Pays, il réunit ce double avantage, que d'une part, il dirige seulement & développe le caractère & les ressources nationales, au lieu que dans le plus grand nombre des sociétés humaines, il les combat & les gêne; & que d'un autre côté, l'obéissance n'est pour vous que la conscience intime du devoir, qu'un hommage à la mémoire de vos Ancêtres, qu'un acte d'amour & de dévouement à la Patrie.

A ce mot de PATRIE, aujourd'hui rayé, pour ainsi dire, du Dictionnaire des Peuples, je vois se ranimer en vous, MESSIEURS, une douce émotion, un attendrissement secret, une certaine élévation d'ame, je ne sais quel sentiment ſublime qui vous attache à la terre, non par des biens frêles & paſſagers, mais parce qu'elle ne vous paroît plus qu'un aſyle d'union & qu'un théâtre de concours d'actions vertueuſes; je vous vois, dis-je, encore dignes de vous mêmes & de vos Ancêtres.

Je me rappelle avec joie ce jour, (il fut un des plus beaux de ma vie,) où, admis dans vos Aſſemblées, j'atteſtai la Divinité, qu'il ne couleroit jamais une goutte de ſang dans mes veines, qu'il n'entreroit jamais une penſée dans mon eſprit, qui ne fuſſent d'un vrai Patriote. Je ne crains pas de le dire: ce ne fut point une cérémonie vaine à mes yeux; je conçus toute la ſainteté & toute l'étendue de l'engagement, & il ne fut que l'épanchement naturel de mon cœur ; je m'assis à vos côtés, & je ne me sentis jamais si content de moi-même ; je vous vis porter dans vos délibérations cette chaleur & cette liberté qui conviennent à des hommes, & je rendis graces au Ciel de m'avoir soumis à une forme de gouvernement également éloignée de la licence & de l'oppression, où l'étude de l'intérêt public ne fut point l'accablant & stérile retour d'un esclave sur soi-même, mais où non plus le cri du patriotisme ne devint pas le prétexte & le signal des haînes, des factions & des troubles civils.

C'est ce qui ne manqueroit pas d'arriver, MESSIEURS, si, par la nature de notre conſtitution, la loi générale n'étant autre choſe que la ſomme des volontés particulières, chacun de nous avoit ainſi quelque juſte raiſon de ſe croire partie eſſentielle du pouvoir légiſlatif : chacun voudroit trouver alors ſon plus grand avantage dans l'acte de la légiſlation ; de-là, les rivalités & les brigues, la diſſimulation & la diſcorde, & preſque toutes ces cauſes de deſtruction qui déchirent & ruinent les corps Républicains les plus vigoureux ; car une ſeule préférence ſuffit pour réveiller dans tous les cœurs l'amour de ſoi-même, & l'amour de la Patrie diſparoît en même tems que l'égalité. Heureuſe donc l'impuiſſance de s'élever, qui l'a comme fixée cette égalité au milieu de nous ! Telle eſt la ſageſſe de notre régime domeſtique, que les places (3) propres à exciter l'ambition y ſont rares, qu'elles préviennent même la trop grande ſupériorité du mérite en l'aſſujettiſſant à des actes ſans ceſſe répétés de dépendance, qu'enfin il ne nous laiſſe voir au-deſſus de nous que le Monarque, & dans le Monarque même que le garant & l'organe de nos règlemens & de nos principes.

Un ſentiment délicieux vient ici pénétrer mon ame : Je crois voir encore les repréſentans du Peuple Béarnais autour du Trône ; je crois les y entendre qui parlent, avec une noble liberté, de nos droits, des devoirs du Souverain & des limites de ſa puiſſance. Ils ne ſont pas des

Lett. Pat., Procès-Verb. & Diſcours de la Député. en 1776.

esclaves, MESSIEURS, ceux de qui les Rois mêmes jurent expressément, ou, ce qui est la même chose, reçoivent les loix; & ils ne sont ni des despotes, ni des Tirans, ceux qui nous disent dans l'effusion de leur cœur: VOUS M'ÊTES CHERS; ils sont des protecteurs, ils sont des pères, ils méritent nos adorations! Vous le savez tous, l'effet le plus constant & le plus sensible de leur autorité parmi nous, c'est d'y maintenir l'ordre & la paix.

Cet attribut même si précieux de la souveraineté, souvent fatal & toujours suspect aux Sujets, il est comme en dépôt dans nos mains: nous tenons devant le Prince la balance des impôts; il y voit sans ceſſe le contrepoids des facultés & des beſoins de la Nation : il eſt éclairé, c'eſt-à-dire, juſte ; & le Cultivateur frappé du ſeul ſentiment de ſon devoir, laboure avec joie ſon propre champ pour ſa famille & la Patrie. Auſſi différent (4) par ſon état domeſtique, par ſon état civil, du manœuvre, du fermier & du feudataire des autres Provinces, il n'accuſe pas ſes Rois, dans un oiſif déſeſpoir, ou des brigandages des Traitans, ou des erreurs des Miniſtres, ou de la tirannie des Seigneurs ; il connoît ſa place parmi vous dans l'Ordre des Citoyens ; il y vient apprendre ſes relations & ſes droits ; il y meſure l'eſtime qu'il doit à chacun de ſes compatriotes ; & ſes penſées ne ſont ni circonſcrites, ni baſſes, parce qu'elles ne ſont ni commandées par une ſervile crainte, ni étouffées par un obſcur mépris.

Qu'il m'eſt doux de ne pouvoir fixer mes regards ſur cette partie reſpectable du Corps Politique, ſans retrouver à ſa tête dans vos aſſemblées, un des plus zélés défenſeurs de ſes intérêts & le meilleur des pères. Pardonnez, MESSIEURS, à un fils chéri de lui rendre ici cet hommage public. Vous êtes tous témoins du patriotiſme éclairé avec lequel, après avoir longtems appuyé les ſages avis dans le premier de vos Ordres (*), il en ouvre tous les jours, dans le ſecond, de ſalu-

(*) On n'en compte que deux, parce que le Clergé & la Nobleſſe ſont réunis.

taires

taires & de désintéressés; mais beaucoup de vous ignorent avec combien d'enthousiasme, de tendresse, d'effusion d'ame, il me parle souvent de mon pays & de la vertu: ses instructions ne sont point les austères conseils d'un Supérieur, elles sont les persuasifs épanchemens d'un ami. Si quelques sentimens honnêtes ont germé sans effort dans le fond de mon cœur, je le dois à ce tendre père; si je sentis dès mon enfance le saint désir d'honorer & de servir ma patrie, je le puisai dans ses utiles entretiens. Il me faut m'en prendre à moi seul d'avoir trop peu profité d'une éducation faite pour redresser les penchans les plus pervers, & pour relever les talens les plus ordinaires. A de pareils hommes appartient, MESSIEURS, la gloire de vous former des Citoyens dignes de partager & d'apprécier les magnifiques prérogatives dont vous jouissez. Pour moi, j'en fais le sujet de mes plus agréables & de mes plus fréquentes méditations. J'ai admiré ailleurs les chefs-d'œuvres des Arts, le faste de l'opulence, la variété des Spectacles; j'y ai toujours observé le vuide des cœurs; & partout, j'ai regretté la riante fertilité & les sites pittoresques de nos campagnes, la beauté de notre climat, la commode simplicité de nos ameublemens, l'intimité de nos liaisons, les saillies naturelles de nos cercles, l'orgie enfin non moins délicate que vive de nos fêtes.

Là, pensois-je en moi-même,

aulieu d'un honteux trafic d'apparences mensongères, se fait entre tous les Citoyens un commerce touchant de services mutuels. Les charmes innocens de la vie domestique ne sont pas perdus pour eux: ils s'y livrent sans cesse dans l'intérieur de leurs maisons; ils les goûtent encore dans les tourbillons de leurs sociétés; chacune de leurs villes est une grande famille, dans le sein de laquelle à l'émulation des vertus publiques, s'unit celle des vertus privées. Là, l'honnête médiocrité tient toujours les cœurs ouverts au sentiment des vraies jouissances; elles y sont le dédommagement d'un travail modéré; le vice n'y porte pas d'autre nom que le sien; on n'y sourit point dédaigneuſement au mot ſuranné de décence; la Religion y ſuppléeroit aux Loix, & les mœurs ſeules à la Religion elle-même.... Mais non: des uſages plus civils, des goûts plus modernes, des penſées plus relevées, des dehors plus compoſés ont ſuccédé aux manières groſſières & à la vieille ſimplicité de vos Ancêtres.

Ah, MESSIEURS! qu'ils valoient pourtant bien leur prix, ces hommes dont les exemples ſont ſi fort négligés & dépréciés! S'ils ne brilloient ni par les raffinemens de la moleſſe & du luxe, ni par les ſimagrées de je ne ſais quelle trompeuſe & quelle vaine politeſſe, c'eſt qu'ils laiſſoient ces triſtes ſimulacres des plaiſirs & des vertus aux peuples aſſez corrompus pour n'en pas connoître de plus réels. Leurs déſirs étoient bornés par l'étendue de leurs facultés, & l'étendue de leurs facultés meſurée ſur celles des reſſources du ſol. Ainſi le bonheur du particulier étoit toujours à la portée de ſon voiſin; & tous chériſſoient à l'envi des foyers, où chacun trouvoit cette douce aiſance qui ſatisfait les beſoins, & où nul ne jouiſſoit de ce ſuperflu de richeſſes qui les multiplie.

Qu'au moment où un Béarnais ſorti de ſon pays, conçut le premier le projet d'y rapporter le butin éblouiſſant de ſes pénibles courſes, ou le bel air contagieux des grandes villes, un bon Citoyen fût allé l'arrêter sur les confins de la Province, & lui eût dit : « mon ami, » te voilà opulent ; à l'esprit naturel » de ta nation, tu joins les graces » acquises & le goût délicat de la » bonne compagnie ; je t'admire, » mais crois-m'en : reviens sur tes » pas ; tu ne sentirois plus les in» sipides délices de ta Patrie, & ta » Patrie n'a que faire des tiennes ». Ce bon Citoyen eût mérité des autels. Combien il nous eût épargné de maux ! Nous ne lutterions pas aujourd'hui contre une humiliante inégalité ; nous ne déplorerions point la perte de cette aimable familiarité, qui répandoit sur nos assemblées une vive & paisible joie, que nous commençons à n'y plus reconnoître ; des maximes folles

& pernicieuſes à notre bonheur n'euſſent point été ſubſtituées aux ſalutaires préjugés de nos bons pères; enfin, des paſſions frivoles & iſolées n'iroient point éteignant dans tous les cœurs cet enthouſiaſme de nos Priviléges, qui en étoit le plus ferme & peut-être l'unique appui.

Hâtons-nous, MESSIEURS, de le ranimer, faiſons revivre les anciens uſages, & modelons nos conduites ſur nos Loix, pour que celles-là ſoient ſages & celles-ci durables. Notre organiſation politique eſt, pour nous, la meilleure de toutes; nous ſommes perdus, ſi, loin de la ſoutenir par un concours unanime de zèle, nous conjurons jamais ſa ruine par une honteuſe indifférence, ou par des diſſentions mal-entendues.

Aucun de vous, j'oſe le dire, n'a parcouru ſans horreur l'hiſtoire de ces jours d'aveuglement, où le fanatiſme de deux ſectes rivales, portoit la diſcorde & accumuloit les parricides dans nos campagnes, dans nos Cités, dans l'enceinte ſacrée de nos habitations: ce fut un fléau terrible, mais paſſager. La bonne-foi, la fidélité, la bienveillance, la commiſération, la juſtice, toutes ces inclinations bienfaiſantes, qui ſont le fondement de la ſûreté publique, gémiſſoient foulées par le monſtre; les droits du Trône étoient mépriſés; la Liberté ſeule portant fièrement les ſiens au milieu du déſordre univerſel & des factions

Olhagaray, hiſtoire des Comtes de F., Béarn, &c. règne d'Ant. de Bourbon.

opposées, toutes se prosternoient devant elle, & l'entouroient pour la défendre de l'ambition de leurs propres chefs & de leurs vainqueurs. A Dieu ne plaise, que nous regrettions ce tems de crime & de calamité: mais craignons des coups mille fois plus dangereux, si, livrant nos cœurs à un égoïsme funeste & à des haines civiles, nous devenions jamais insensibles aux intérêts de l'État & aux vœux de la raison, parce qu'ils seroient aussi ceux de nos ennemis, & froids pour le bonheur public, parce qu'il cesseroit souvent d'être le nôtre.

Nous ne sommes point ce que nous fûmes; & cependant, l'étranger envie nos Priviléges, notre aisance, nos plaisirs & nos mœurs;

le naturel en porte le doux ſouvenir, dans le tumulte même des Capitales; nous pouvons nous nommer encore un Peuple de prédilection; les malheurs qui m'ont effrayé ſont éloignés, les avantages dont je vous ai entretenus ſont toujours en nos mains, & les vertus que j'ai exaltées ne nous ſont pas devenues entièrement étrangères.

Vous nous en retracés, dignes Citoyennes, d'aimables exemples. Tout le monde vous dit aſſez, qu'on chercheroit envain dans le Sexe des autres Nations, cet agrément, ces graces, cette vivacité de caractère & d'eſprit qui font le charme du nôtre: qu'il ſoit permis à un * échappé des forêts d'oſer vous féliciter, non ſans une ſenſible joie, d'une ſupériorité

* *Voyez le dernier alinea du Diſcours.*

plus marquée & plus précieuse, celle de l'attachement aux devoirs. C'est à ma Province qu'il est reservé d'offrir encore le charmant spectacle de l'epouse modeste, partageant ses prodigues soins entre un mari qu'elle chérit, des enfans qui l'adorent, un ménage, enfin, dont elle fait le bonheur, & réunissant au-dehors l'Empire de la décence & de la raison à celui de l'imagination & de la beauté. Laissez les femmes ordinaires, s'énorgueillir de ce luxe éblouissant, qui farde mal la laideur, corrompt indistinctement tous les états & ruine les petits : les ornemens dignes de vous, sont ceux de cette Romaine, qui, serrant ses deux fils dans ses bras, en présence d'une Citoyenne fière de son éclatante parure, s'écrioit: *les voilà, mes bijoux à moi, & mes richesses*. Gardez-vous aussi de ce jargon fade & puérile, qui doit vous être un signe toujours certain d'une estime déja affoiblie: continuez, au contraire, à nous faire aimer le naïf & touchant langage de l'innocence & de l'honnêteté; mais sur-tout relevez souvent dans vos conversations les douceurs de la concorde & les avantages de la Patrie: tant qu'on s'entretient de celle-ci on l'aime; & les éloges de celle-là auront sur vos bouches quelque chose de si naturel, de si gracieux & de si insinuant, que, si le malheur des tems venoit à la troubler, les plus aigris finiroient bientôt par la désirer, & que d'un commun effort tous la rameneroient à l'envi. Quels droits vous auriez alors ſur notre reconnoiſſance & nos hommages ? Heureuſes que pour les conſerver & les étendre, il vous ſuffiſe de ne pas oublier, qu'autant ils vous ſont dès-à-préſent honorables & acquis, autant nos juſtes préférences vous ſeroient honteuſes & humiliantes, ſi vous parveniez jamais à nous inſpirer d'autre goût que celui de la vertu ; car, Citoyennes, elle ſeule vous ſied, &, toutes belles que vous êtes, vous aſpireriez inutilement au prix du vice.

J'ai parcouru trop rapidement, MESSIEURS, une très-petite partie des bienfaits que nous avons reçus de la nature & de nos pères ; j'ai indiqué quelques-uns des abus dont nous avons plus particulièrement à nous défendre; j'ai cherché enfin à me convaincre avec vous, qu'il dépendoit de nous ſeuls d'être le plus heureux des Peuples; &, je le déclare, avec joie, j'ai ſimplement rappelé quelques-unes des vérités que j'ai ſouvent entendu développer avec plus de profondeur & de force dans vos Aſſemblées. Je m'eſtimerois le plus fortuné des mortels, ſi je l'avois fait avec quelqu'utilité & quelque honneur pour la Patrie. Puiſſent du moins être exaucés les vœux ſincères que je ne ceſſe de former pour ſa proſpérité, & puiſſé-je y contribuer de mes veilles & de mon ſang!

Je ne me conſolerois point,

MESSIEURS, ſi juſtement enclins à vous défier des entrepriſes d'un âge naturellement préſomptueux, ou trop faciles à écouter des interprétations malignes, vous me prêtiez ici d'autres vues que celles du bien public ; & je ne finirai pas ſans vous adreſſer du fond du cœur ce que diſoit à la République de Genève, dans une pareille circonſtance, le meilleur & le plus célèbre de ſes Citoyens : « Si j'étois aſſez » malheureux pour être coupable » de quelque tranſport indiſcret » dans cette vive effuſion de mon » cœur, je vous ſupplie de le pardonner à la tendre affection d'un » vrai Patriote, & au zèle ardent » & légitime d'un homme, qui » n'enviſage point de plus grand

» bonheur pour lui-même que » celui de vous ſavoir tous heu» reux ».

Je ſuis avec un profond reſpect,

MESSIEURS,

Votre très-humble & très-obéiſſant Serviteur,

LAUSSAT, Fils,
Membre des États.

PARIS,
le 15 Janvier 1780.

PRÉFACE.

PRÉFACE.

MONTAIGNE, qu'on ne récuſera pas, je penſe, comme Juge incompétent ſur cette matière, diſoit en ſon charmant langage : *Les Hiſtoriens ſont ma droite bale .... l'homme en général de qui je cherche la connoiſſance, y paroît plus vif & plus entier qu'en nul autre lieu ..... Or, ceux qui écrivent les vies d'autant qu'ils s'amuſent plus aux conſeils qu'aux événemens, plus à ce qui part du dedans qu'à ce qui arrive au-dehors : ceux-là me ſont plus propres. Voilà pourquoi en toutes ſortes, c'eſt mon homme que Plutarque.* Telles devroient donc être toutes nos hiſtoires. Mais pour cela il faudroit, avec mille autres qualités heureuſes, je ne ſais quelle ſimplicité d'ame,

C

qui eſt malheureuſement trop rare, & qui ſur-tout n'eſt guères le partage de ceux qui ſe mêlent d'écrire. Avouons auſſi de bonne-foi que tous nos éloges Académiques, excellens ſans doute pour entretenir l'émulation & faire briller l'eſprit, ne ſeront jamais fort recherchés, ni par les Philoſophes, ni même par les hommes ſimplement raiſonnables. Celui-ci étoit dans le principe deſtiné au concours : c'eſt à cauſe de cela que, pour ne point m'écarter abſolument (*) de l'uſage, je me contentai de ſuivre de loin l'exemple de Plutarque. Je m'attachai à

(*) Qu'eſt-il reſulté de là ? Que les uns m'ont condamné pour mon éloquence vraie ou prétendue, & les autres pour mon peu de méthode. Je crois entendre ce que c'eſt que la méthode dans l'examen d'une queſtion métaphyſique où l'on peut généraliſer ſes idées ; je comprends auſſi comment Boſſuet voulant *louer* CONDÉ, relève tour-à-tour les qualités du cœur & les qualités de l'eſprit ; mais je ne conçois pas pourquoi celui qui veut diſcourir ſur la vie d'un homme, doit commencer par en couper la perſonne, ſous peine de ne pouvoir être éloquent.

l'homme tout entier, je fus ramassant, pour ainsi dire, çà & là toutes ses parties, & je me gardai bien de négliger les petits détails, pour cela seuls qu'ils étoient petits ; je ne chercherai pas s'ils conviennent au grand genre de l'éloquence : soyons vrais, réfléchis, honnêtes, nous deviendrons intéressans & utiles. On atteint à ce but, dirois-je volontiers, en fermant les livres, & regardant ensuite au-dedans & autour de soi.

Malgré ces belles maximes, peut-être n'ai-je produit qu'un vrai monstre littéraire. Je me loue néanmoins de l'avoir entrepris, & je me crois excusable de l'avoir imprimé : il eût mieux valu, je le sais, ou pour mon bonheur, ou pour ma gloire, qu'il ne l'eût jamais été, ou qu'il l'eût été longtems plus tard.

On m'a reproché (pour ne rien dissimuler) une intention noire & envenimée, des déclamations hyperboliques & âcres, des paradoxes barbares, un ſtyle & un langage plus barbares encore, enfin, un un ton trop déciſif, &, s'il faut trancher le mot, inſolent.

J'ai auſſi reçu des encouragemens flatteurs, dont je conviendrai de bonne-foi m'être abreuvé à longs traits, non par l'importance que j'attachois à cette production néceſſairement fort imparfaite de mon jeune âge, mais par le déſir que j'avois de pouvoir offrir avec quelque confiance à mes compatriotes, ces prémices de mes veilles. C'étoit, en quelque ſorte, me rendre copiſte d'un modèle inimitable, je n'en rougis pas : peut-être n'eſt-il pas donné à tout le monde de ſe parer des ſentimens d'un citoyen vertueux. J'oſerois même dire qu'en cela, j'ai eu moins un guide, qu'un dévancier : en effet, je ne connoiſſois pas J. Jacques, lorſque déjà je chériſſois ma Patrie, & euſſe voulu ne reſpirer que pour elle. Je lui devois avant de placer aujoutd'hui ſon nom à la tête de cet ouvrage, d'y corriger ou d'y adoucir quelques-uns des défauts les plus ſaillants, je lui dois de m'expliquer ſur ceux que je n'ai pas corrigé.

On me fait un crime de m'être élevé contre une réputation de ſix ſiècles.

N'eſt-il pas vrai, (& ce ſera toute ma réponſe), que la différence la plus marquée de l'habile politique à l'homme ordinaire, conſiſte en ce que le penchant de l'un ſe gliſſe, pour ainſi dire, à travers les événemens, profite des circonſtances, les amène même de loin, & ſe maſque toujours d'apparences innocentes & ſpécieuſes, & en ce qu'au contraire le penchant de l'autre frondant tout plus ou moins ouvertement, frappe ſans ceſſe les regards, & révolte ſouvent les eſprits? Mais alors, ſi je trouve un vice ou une vertu auxquels puiſſent ſe ramener naturellement les actions d'un homme, ce vice ou cette vertu, en feront vraifemblablement la bafe journalière ; & le motif apparent & variable de chaque fait, ne fera plus que le mafque du moment. Eh bien ! ce vice, je l'ai déterré dans la vie particulière de Suger, & je n'ai d'autre avantage fur les Hiftoriens, que de ne m'être pas contenté d'envifager fa vie publique, c'eft-à-dire, fa phyfionomie de commande. J'ai rapporté quelques traits odieux, j'en ai paffé plufieurs fous filence, enfin, j'indique mes garans (*).

Si au refte le Lecteur croit appercevoir quelque contradiction dans l'enfemble de la conduite de l'Abbé de St. Denis, il lui fera aifé de fe convaincre que la faute en eft, non à moi, mais au cœur humain. Si cette même

(*) Trop de précipitation dans mes recherches avoit d'abord occafionné une erreur effentielle, qu'on ne trouvera pas dans cette feconde Édition.

contradiction, il la trouve entre mes résultats & mes principes, il n'y aura pas davantage de ma faute : ce sera, s'il veut, vice de mon jugement, peut-être vice du sien. Il n'est pas inoui qu'on ait traité de paradoxe, une vérité contraire aux préjugés reçus. *Cette idée est singulière, donc elle est extravagante & fausse :* étrange manière de raisonner !

J'ai encore mêlé à mes rêves, ceux d'autrui. Par une inconséquence assez commune, il nous arrive souvent d'applaudir intérieurement à ce que nous appelons avec la multitude, *des folies.* Je suis plus effronté : je saisis la vérité partout où il me semble l'avoir reconnue ; ce n'est point parce que tel ou tel crie : *je la tiens* ; c'est parce que tel ou tel me la montre ; & celui-là, je l'adore. Encore un coup, il peut avoir mal vu, & moi de même : mais qui osera s'établir juge des opinions humaines ? Je ne me représente rien de plus pardonnable ſur la terre que l'erreur : auſſi ne me donné-je pas pour infaillible ; je propoſe & ne preſcris point : cent voix s'élèvent pour m'apprendre que je pourrois le faire avec plus de modeſtie ; elles veulent dire, avec plus d'affectation. Je rens comme je conçois, j'affirme par perſuaſion intérieure, & mon ſentiment ne devenant celui de mon Lecteur, qu'autant que la conviction a paſſé de mon ame dans la ſienne, ce n'eſt pas, dans ce cas, moi qui décide, il décide lui-même. Qu'on me paſſe donc mon ſtyle tranchant ; ce qu'il a de préſomptueux, je le déſavoue, & je livre mes oracles pour ce qu'ils valent.

Ceux-là ſont heureux, qui peuvent raiſonner froidement ſur les travers, ſur la perverſité, ſur les mœurs des hommes ! On a relevé avec raiſon dans mon Diſcours quelques invectives qui ſentoient trop le déclamateur : de tous les défauts je n'en connois pas de plus difficile à éviter. Je ne l'ai pas entièrement négligé dans mes corrections.

Elles se sont sur-tout étendues sur la partie Oratoire & Grammaticale, qui n'en sera pas moins très-imparfaite. Le Législateur du goût nous dit sagement :

Faites choix d'un Censeur solide & salutaire,
Que la raison conduise & le savoir éclaire.

Il eut bien dû nous enseigner aussi le moyen de le trouver, ou plutôt, il eut dû commencer par bannir de l'Empire des beaux-Arts, l'amour-propre qui nous isole, & l'esprit de parti qui nous préoccupe. En attendant, que de siècles s'écouleront sans qu'un Racine rencontre un Despréaux !

Des causes particulières m'ont privé des secours que j'aurois pû trouver dans les Journaux, dont les critiques sont souvent plus utiles, que les conseils de l'amitié. Si l'on pouvoit ſe faire d'avance une idée des contradictions & des déboires dont on eſt payé dès le premier pas dans la carrière des Lettres : miſérables Auteurs que nous ſommes, nous n'irions point nous y écraſer en foule, & notre globe n'en rouleroit pas moins ſur ſon axe.

DISCOURS
SUR
L'ABBÉ SUGER,
ET
SUR SON SIÈCLE.

L'HISTOIRE d'un Moine, Miniſtre ſous LOUIS LE GROS, & Régent du Royaume ſous ſon Succeſſeur, ſera naturellement celle du douzième ſiècle. On va voir des tems & des mœurs barbares, & je ne ſais ſi, comparés aux nôtres, ils n'en feront pas la honte.

Il ne nous eſt parvenu de SUGER, que lui-même (5) : le moment & le lieu de ſa naiſſance ſont incertains ; le nom de ſes Ayeux eſt perdu ; la baſſeſſe de ſon origine eſt plutôt confuſément montrée, que diſtinctement apperçue ; & l'exacte renommée de son mérite, qui sembloit devoir être à jamais fixéè par le témoignage authentique de mille monumens, a été elle-même altérée, dès son principe, dans les canaux de la tradition. J'étudierai donc de lui, non les éloges exagérés & chimériques que les Historiens, trop souvent flatteurs ou crédules, nous en ont laissé, mais (6) ses actions & ses propres écrits.

O vous, qui, dans la vie de vos semblables, cherchez l'Homme, qui vous plaisez à l'apprécier ce qu'il vaut, & non ce que des cœurs corrompus l'estiment, qui contemplez avec le même intérêt le spectacle de ses égaremens & celui de ses vertus, aimez à examiner SUGER, placé face à face avec la raison & la vérité, à l'admirer & à le plaindre, en un mot, à le connoître.

A la place des anciens Anachorètes, on ne trouvoit déjà (7) plus dans nos Cloîtres qu'un amas de Comédiens débauchés, oisifs, riches & accrédités des vertus des héros Religieux qu'ils représentoient : sur ces mêmes Autels, où jadis les Philosophes du Christianisme venoient faire à Dieu le sacrifice des passions & des plaisirs, une foule de Pères dénaturés vient maintenant immoler le rebut des (8) familles, comme, dans certaines contrées ſauvages, des Hypocrites avares immolent le rebut de leurs troupeaux. Uſage inhumain, qui, dès l'âge de dix ans, lia SUGER à l'Abbaye de Saint Denis, mais fut en même tems le principe de ſa gloire: car ſon eſprit facile & vif, & ſon humeur ſouple & guerrière, lui captivèrent bientôt l'amitié de l'Héritier du Trône: Saint-Denis étoit alors l'école de nos Rois, comme celle de ſes Abbés; heureuſement l'influence des mœurs générales contrebalançant celle d'une éducation auſſi vicieuſe, nous donnoit des Souverains plus vaillans que dévots, & même des Moines moins énervés, mais plus dangereux & plus puiſſans.

On a ſouvent obſervé que, par une fatalité bizarre, de l'étude de la parole, d'où naît l'éloquence, précédoit l'étude du raiſonnement, qui produit la philoſophie. Il étoit naturel qu'une Religion répandue, enracinée, vraiment ſublime, mais pleine de dogmes étonnans, changeât cette ſucceſſion de progrès. Les Eſprits ſortant de l'état d'inertie, où ils étoient retombés en même tems que les Hommes entre les mains de la Nature, portèrent leurs premières vues vers les objets intéreſſans, dont ils ſe trouvèrent comme enveloppés. Faute de pouvoir saisir des vérités inintelligibles, ils se perdirent dans de vaines subtilités ; les Ecoles (9) devinrent un apprentissage de je ne sais quel jargon vuide de sens ; & l'art du Sophisme, c'est-à-dire du mensonge, eut un prix. La faveur d'un Maître commençoit aussi à avoir le sien. SUGER (10) obtint l'un sur les bancs ; il jouissoit de l'autre à la Cour ; & déjà dans l'âge des disparates & des erreurs, il portoit, aux Conseils des Rois & dans les Synodes de l'Eglise, la supériorité d'un génie transcendant, vaste & exercé ; il assujettissoit ses Supérieurs & ses Egaux, par le droit naturel de la persuasion & de la politique ; il écrasoit, auprès des Papes, du seul poids de sa raison, les manœuvres jalouses des Puissans, contre la dignité & les priviléges de son Monastère ; en un mot, il dominoit déjà, sans autre titre encore, que l'éclat imposant du crédit & l'impulsion moins impérieuse des talens.

Vit. Lud. Gros. p. 9. apud Duch. t. 4. p. 288 & 289.

Cependant (11) le Gouvernement féodal, monstre politique, né du naturel de ces Sauvages & simples Germains, aussi indolens dans la paix qu'actifs & invincibles dans la guerre, avoit substitué à la Nation, d'abord le Souverain, & depuis trois siècles ses Vassaux. Ne confondons point les mœurs du tems avec les funestes

T. de M. G 15.

effets d'une conſtitution qui étouffoit l'intérêt public, ſous des intérêts particuliers : ſi chez le Peuple elles percent quelquefois à travers l'oppreſſion, ſaiſiſſons-les comme nous recueillons ces étincelles qui échappent du caillou ; mais cherchons-les ſur-tout chez ſes Maîtres, car communément des Eſclaves n'en ont pas.

La France n'offre de toutes parts, qu'élans de liberté & héroïſme. Dans ſon ſein, le Peuple accablé (12) venge néanmoins quelquefois les injuſtices des Grands & l'ambition tyrannique des Papes; les Seigneurs (13) défendent longtems leur indépendance des armes & de la valeur de Louis ; un Lyonnet de Meun aime mieux brûler avec ſa Ville, que ſurvivre à ſa liberté; un Gui (14) de Trouſſel n'eſt pas étonné de mêler ſon ſang à celui de ſon Roi ; un Gui (15) de Rochefort, fidèle Miniſtre, mais Guerrier plein de feu, de courage & d'honneur, diſtinguant les Chefs d'avec l'Etat, ne croit pas leurs outrages ſacrés ; une foule de (16) Chevaliers Français marche à côté du Cid, ſous les murs de Tolède & dans toute l'Eſpagne, & enfante des Rois à la Caſtille & au Portugal ; l'Aſie enfin croit revoir ſes anciens demi-Dieux & ſes Alexandres, dans les (17) Bouillons, les Saints-Gilles, les Boé-

Ordet. l. 7. apud Duch. hiſt. Norm. p. 660.

Hén. ann. 1088. *Vell. ann.* 1094. *Deſorm. hiſt. d'Eſp. ann.* 1085.

monds, les Tancrèdes, les Roberts, ces armées entières de Héros, trop fiers pour faire une conquête qui exigeoit autant de subordination que de bravoure, assez grands pour créer un autre Homère. Enthousiastes du jour, intéressés à calomnier des Ayeux que vous déshonorez, vainement vous nous les représentez comme les suppôts du fanatisme, de cet ennemi frénétique de l'erreur, dont chaque argument est un coup de poignard : une noble ardeur les transportoit, celle des Victoires. Le caractère belliqueux de la Nation, porté à toute son énergie, cherchoit à se répandre par-tout. Les duels (18), les épreuves par le fer, l'eau & le feu, décidoient de l'innocence & du bon droit, comme s'ils ne pouvoient être que là où il y avoit de la fermeté & du courage. Les tournois, les joûtes, les armes à outrance, tous ces exercices sanguinaires & souvent meurtriers, dédiés à la vaillance, à l'honneur & à l'amour, étoient les amusemens de ces Barbares, qui sembloient ne connoître de plaisir, que celui d'affronter la mort. Telle étoit la passion des combats, qu'elle embrasoit, si j'ôse le dire, le Sanctuaire même. Les plaines Gorgoniennes virent (19) Monteil fixer le sort d'une Bataille sanglante & long-tems incertaine ; à sa mort,

Capitaines

Capitaines & Soldats, tous le pleurèrent, comme leur modèle dans les temples, leur génie dans le conseil, & leur rival dans les combats. Nous admirerons l'Abbé de Saint-Denis à la tête des troupes, ainsi qu'à la tête des affaires; & son Siècle produisit ces (20) Ordres célèbres, où l'on se dévouoit à la bravoure & à l'humanité. Ce sexe enchanteur lui-même, que la Nature paroît avoir distribué sur ce globe, pour y donner des charmes à la paix & aux vertus domestiques, je crois le voir encore suivant d'un œil étincelant ses Chevaliers dans l'arène, étanchant (21), au milieu du carnage, le sang de ses Concitoyens, & portant par-tout la victoire, en montrant par-tout son estime & ses embrassemens pour prix de la valeur. Quant aux Sciences & aux Arts, ils avoient été jusqu'alors en France, ce qu'ils furent autrefois dans la monstrueuse & divine Lacédémone, dans la vieille Rome, chez les Scythes, chez les Germains, chez tous les Peuples indomptés; SUGER en entrevit l'aurore, & la servitude suivoit.

Ci-dessous, p. 54.

Si je détourne ici un moment les yeux de dessus nos foyers pour les porter sur ceux de nos voisins, dont les intérêts se trouvèrent quelquefois mêlés aux nôtres, je vois dans l'an-

çienne Bretagne, à la place de ce Peuple ori-
Tac. vit. Agr. 21. *Rap. Thoir. l.* 1—7. ginaire dompté & avili, en même tems qu'humanisé par les Romains, des Hordes multipliées de Saxons, d'Anglais & de Danois, défendans mal contre la haine, l'avidité & la valeur des Normands, une Patrie dont ils se disputoient encore le pillage; je vois ces Normands eux-mêmes déjà amollis par les dépouilles des Neustriens, presque tout-à-fait énervés par celles des nouveaux vaincus, & endurcis enfin sous le joug de ce (22) Guillaume, qui, né du crime, ne se poussa & ne se soutint que par le crime, & de cet autre (23) tyran son successeur encore plus vicieux & plus féroce, baiser maintenant la main d'un (24) Despote adroit, digne de leur commander par sa prudence, son intrépidité & le bonheur de ses armes, mais plus dangereux que ses pères, puisqu'il sut opprimer & endormir ses Sujets: toutefois, dans l'esclavage, ils conservent quelques traits de leur caractère martial & valeureux.

Tac. de M. G. 7. 11. Dans la Germanie, je retrouve un reste de ses mœurs antiques: elle est pleine de vénération pour ses Prêtres, mais ses Prêtres ont
Ibid. 7. changé; elle se donne, pour chef, le plus
Ibid. 11. 7. noble, mais non, pour général, le plus brave; elle cite ses tyrans au Tribunal de la Nation,

mais ce Tribunal devenu celui des Papes, dans la décadence des mœurs, du patriotisme & de la constitution, s'est changé en un attroupement de factieux, & ses oracles n'ont plus ni sagesse ni force. Débarrassé d'un (25) Maître dur, sanguinaire & foible, dont l'adulation & la crapule avoient, dès l'enfance, raccorni le cœur & aveuglé l'esprit; l'Empire, dans sa première yvresse, vient de se jeter entre les bras d'un (26) parricide, d'un parjure, d'un fourbe, de cet Henri V, à qui la Nature sembloit n'avoir même accordé quelques bonnes qualités, que pour aider & renforcer ses vices.

Histoire de l'Empire d'Allemagne, t. 1. 2.

Abrégé Chron. de l'H. d'Italie par St. Marc, t. 2. 3. 4.

Muratori, annales d'It. t. 6.

L'Italie peuplée de Prêtres & de Barbares, tantôt (27) semble se débattre un moment contre la servitude, tantôt pliant sous des ennemis plus barbares qu'elle, prête ses propres bras au Normand & au Grec, aux Germains & à ses Chefs, qui se disputent le droit de lui donner des fers. Sa Capitale seule chargée des vices de l'Univers, dont elle a perdu les dépouilles, & policée à jamais par ses Orateurs & par ses Poëtes, à la place des Brutus, des Horaces & des Catons, n'engendre plus que des mercénaires, dont la foi & la liberté sont aux enchères, & met à sa tête des Moines, comme autrefois des Cincinnatus.

St. Marc & Murat. loc. cit.

Mais quel bouleverſement dans l'Égliſe ! Un Pontiſe (28), né de parens obſcurs, recommandable par des mœurs auſtères, doué d'un génie vaſte, & d'un de ces caractères, qui, ſans jamais s'abaiſſer, ménagent ou accablent au gré de la fortune, plein de toute l'audace d'un inſpiré, verſé dans l'art d'être fourbe avec fruit, qui refuſa la thiare pour ſe l'aſſurer, & qui ſut également profiter des erreurs populaires & ſuſciter ou fomenter les troubles inteſtins de l'Empire, pour ſe rendre l'arbitre & le conſeiller néceſſaire des Souverains; en un mot, Grégoire VII reſpire encore, vingt ans après ſa mort, en la perſonne de Paſchal II. Religion Sainte, ſcience conſolante & ſublime des mœurs, tu régnes, mais toute défigurée ! De tous côtés, tes loix ſont enfouiès ſous tes dogmes, & tout enſemble ſous la ſuperſtition, les ſubtilités & les ſimagrées. Ainſi tu fus toujours le jouet de nos paſſions; tes Prêtres voulurent couvrir la face de la terre de ta reſpectable obſcurité, pour s'y faire adorer au milieu des ténèbres, & l'homme corrompu cherche à t'y anéantir, pour s'y adorer lui-même; mais toujours inébranlable & pure, tu te réfugies dans le cœur du mortel vertueux.

St. Marc, t. 3. p. 395 & ſuiv.

J'ai parcouru comme un éclair des Siècles &

l'Europe ; telle elle étoit, lorſque la (29) mort de Philippe I, Prince également indigne de ſes pères, de ſes enfans & de ſes contemporains, qui ſacrifia la ſûreté publique, le bien général & une femme vertueuſe, aux attraits ſacriléges d'une adultère, porta Louis VI ſur le Trône, & rapprocha ſon Favori du gouvernail de l'État. Les vertus & les vices qui l'entouroient, ne furent point les ſiens : c'eſt à cauſe de cela même, qu'en paroiſſant m'égarer autour de lui, je n'en avançois pas moins dans la connoiſſance de ſon génie, & pour n'étudier déſormais que ſa vie, je ne croirai pas avoir changé d'objet.

Vit. Lud. Gr. c. 12. Hen. rég. de Ph. I, &c.

Accrédité à la Cour, SUGER devoit néceſſairement devenir puiſſant & indépendant dans le Cloître. Auſſi l'allégea-t'on bientôt du double joug de la règle & des Supérieurs, en lui (30) confiant l'Adminiſtration de quelques Domaines ruinés & à demi-envahis. Tels étoient ceux de Toury, dont Saint-Denis poſſédoit les titres, & dont le Baron du Puiſet ſe conquéroit chaque année l'uſufruit ; c'étoit un de ces Citoyens forts de leur ame, de leur château & de leur épée, dont les grandes qualités étoient, non-ſeulement perdues pour la Patrie, mais tournées contre elle par le vice de ſon économie politique. Il bravoit ſon Roi, qui n'avoit

Hiſt. de S. p. Gerv. t. I, l. 2.

pû le vaincre, & ſaccageoit les terres de ſes voiſins, qui auroient voulu ſaccager les ſiennes. SUGER lui oppoſa un Tribunal, Louis, quelques Seigneurs, ſon génie & ſes bras. Toury eſt fortifié ; des Citoyens armés y accourent en foule ; SUGER les attire par l'abondance, les retient par l'affabilité & l'eſpoir, les anime par l'émulation & l'exemple, &, pour ainſi dire, les multiplie par la diſcipline. S'il aſſiége, inventeur dans un art auſſi vieux que le crime, il va forcer (31) la terre à dévorer les villes, comme un jour le ſalpêtre la forcera à les vomir. S'il eſt aſſiégé, il ſe crée des défenſeurs dans le cœur même de l'ennemi, il l'aveugle de ſon orgueil qu'il fait irriter, & le fait venir ſe jeter au-devant de ſes coups. Dans la Campagne, tantôt il l'étonne & l'arrête par ſa contenance ; tantôt par ſon adreſſe, il le détruit inſenſiblement, l'épuiſe, le morcèle ; tantôt enfin, ſe précipitant comme un trait, il porte dans tous les rangs le déſordre, la mort ou des chaînes ; une défaite même paroît pour lui le préſage d'une victoire, tant il ſait y intéreſſer l'honneur & l'ambition des troupes, & ſes fautes ne ſont que de nouvelles occaſions, comme de nouveaux motifs de gloire. Ainſi (32) l'armée triomphante de Hugues fuit,

V. Lud. Gr. c. 18. apud Duch. t. 4. p. 299 & ſeq.

Ibid. c. 20. p. 303 & ſeq.

quoique nouvellement renforcée, devant l'armée battue de Louis; ainsi lorsque (33) ce Hugues s'applaudit de ceindre d'assiégeans une forteresse rivale, d'où sa perfidie a arraché SUGER, SUGER, déjà honteux de sa crédulité, s'est élancé, avec la hardiesse d'un Soldat, à travers les Sentinelles ennemies, & défie le fourbe du haut de ses murs.

Mais, ô imperfection humaine! SUGER se signale, & c'est en répandant pour de chétifs (34) intérêts le sang de ses Concitoyens, & c'est en imaginant de nouveaux moyens de le répandre, parce que, les impies! ils n'ont pas frémi d'envelopper dans leurs pillages quelques lambeaux des biens d'un Monastère.

La guerre fut longue; entremêlée d'intrigues, de traités & d'infractions; illustrée (35) *Vit. Lud. Gr. c. 18.* par l'héroïsme d'un Prêtre, qui, lui seul, ramena ses Camarades repoussés à l'assaut, à l'honneur & à la fortune; éclairée (36) des lueurs affoiblies de la liberté Françoise; & couronnée enfin par le triomphe du despotisme & de la force, conduits par la prudence & la valeur.

Si du patriotisme & des vertus, joints au courage, à l'activité, à la pénétration, à la présence d'esprit, à l'étendue & à la sagesse des vues, sont d'assez efficaces recommandations dans une République d'hommes; à la Cour d'un maître, il fallut à SUGER de la bassesse, de la fausseté, de la flatterie, tous funestes fruits & vils instrumens de la domination.

J'ai dit quel fut Grégoire VII; élevé sur le Siége de Rome, il vit un Être au-dessus de lui, s'en indigna, & entreprit, moins de s'en affranchir, que de se le soumettre; de-là, la querelle des (37) investitures: querelle puérile, qui n'eut dû qu'exercer la dialectique des Écoles, & qui, occupant durant cinquante ans l'Europe entière, la remplit de troubles, de rebellions, de pillages, de parjures, d'horreurs, d'anathèmes & de sang. Les Papes ne cessèrent d'attiser le feu de la discorde dans l'Empire, parmi des sujets impatiens du joug & mécontens de leurs Chefs; les Empereurs, à leur tour, chassèrent plus d'une fois les Souverains Pontifes de Rome; Paschal s'étoit choisi la France pour asyle, Gelase, à son exemple, y porta sa misère & ses plaintes, & SUGER mérita d'être distingué dans la populace des Courtisans, pour aller (38) feindre à ses yeux une joie que Louis, que tout le Royaume, que lui-même démenroit dans l'ame, & acheter des bénédictions qu'il méprisoit.

Vit. Lud. Gr. c. 21. apud Duch. t. 4. p. 299.

Je pourrois maintenant le repréſenter ſoufflant à ſon gré, dans tous les eſprits, le zèle ou la défiance de l'Égliſe, lors de ce fameux (39) Concile, d'où Caliſte, ſucceſſeur heureux de l'infortuné Gelaſe, lançoit ſes foudres ſur Henri; je pourrois le ſuivre enſuite dans ſon ambaſſade à Rome, exalter ſon cortège honorable & brillant, comme j'exalterois des qualités glorieuſes, éclairer & relever l'importance de ſes négociations, développer les reſſorts compliqués, que ſon adreſſe ſut employer, le montrer tantôt fléxible & inſidieux, tantôt ferme & menaçant, eſtimé enfin & chéri du Pape, comme utile à ſon Roi; mais que d'autres ſe (40) moulent un héros, je cherche à peindre SUGER.

Hiſt. de Sug. p. Gerv. t. 2. l. 3. n. 33.

Ibid. n. 36.

Ici, une nouvelle carrière s'ouvre devant lui. Dans l'État, le pouvoir a pour frein le pouvoir, l'intérêt propre & les yeux de la nation; ſi la Loi inſinue les mœurs, elle ne réprime que le crime; le bon Citoyen n'y ſent jamais le joug de la puiſſance civile, & y ſavoure ſans ceſſe les douceurs de l'empire domeſtique; mais dans le Cloître, la Loi y étant au-deſſus des forces humaines, ou les malheureux qu'elle accable, la renverſent ſous leurs paſſions, & tout ſe changeant en diſſolution

& anarchie, le Chef, Miniſtre de la Loi, n'y eſt plus que le complaiſant des tranſgreſſeurs, ou lui-même plus adroit, ſe ſubſtitue à la Loi, & alors il file en quelque ſorte & diſtribue à chacun la trame de la vie par lambeaux ; il prétend traîner l'homme au bonheur, comme on le traîne au ſupplice ; il veut, comme Dieu, déplier & régir les conſciences, & pour comble d'horreurs, il punit à ſon gré les foibleſſes plus inhumainement, que nos Juges les forfaits.

Qu'un pareil Gouvernement eſt effrayant & dangereux ! Une cité d'hommes ſûrs d'eux-mêmes eut tremblé de le confier au juſte Ariſtides. Une aſſemblée de Moines effrénés & vicieux n'héſite pas de le commettre à SUGER ; à peine ils ſont libres, que tous s'écrient d'un concert unanime : CELUI-LA EST L'AMI DES GRANDS, QU'IL SOIT NOTRE MAÎTRE. Politique inconſéquente, & cependant trop ordinaire, ſur-tout dans les enceintes Monaſtiques : ſi-tôt qu'un même leurre va y allêchant l'intérêt particulier, l'envie & la rivalité s'éveillent, la diſcorde ſouffle la contradiction & l'acharnement de toutes parts ; il faut bien alors un terme commun de ralliement, & c'eſt aſſez le propre de la faveur, qui ſe paye ſi ſouvent

Vit. Sug. lib. I.

de la vertu, d'en uſurper encore les droits.

C'étoit d'ailleurs ici, pour les Moines de Saint-Denis, prévenir le vœu du ſouverain eſpèce de flatterie, la plus ſéduiſante de toutes; mais c'étoit auſſi ſe ſouſtraire au concours de ſa puiſſance, genre de crime chatouilleux, ſous une domination, pour ainſi dire, naiſſante; auſſi SUGER trouva-t'il un inſtant, dans le bienfaiteur de ſa vie entière, l'ennemi de ſa grandeur actuelle, & ce même inſtant nous fait voir SUGER, balançant entre l'avidité & la reconnoiſſance, entre la perfidie & l'amitié. Inſenſé (41)! il compte le moment de ſon élévation parmi les plus heureux de ſa vie; il le fait précéder de préſages extraordinaires, &, en quelque ſorte, d'oracles; il pouſſe des cris de reconnoiſſance vers le Ciel, & il ne voit que des eſclaves & des richeſſes, lorſqu'il ſe charge du pénible emploi de ramener à la règle, & tout à la fois à la félicité, une ſociété de Frères.

Vit. Lud. Gr. c. 21.

Ne le diſſimulons pas: nous ne trouvons preſque, dans le commencement de ſon adminiſtration, que des écarts & des abus d'autorité. S'il ſe montra moins injuſte & moins cruel que ſon Prédéceſſeur envers le malheureux & perſécuté (42) Abailard; s'il fut toujours adroit, habile, libéral, magnanime & grand; ne viton point, dans l'intérieur d'une maison sainte, le premier des Prêtres plongé dans toute l'yvresse des passions ; ne se contemplant avec complaisance, qu'au milieu des Soldats, des Adulateurs & des Créatures de son pouvoir ; cherchant à éblouir de son faste la Cour, Rome, Mayence, & jusqu'aux bêtes fauves (43) même dans la profondeur des forêts ; & enfin, connu seulement dans son Monastère, pour y avoir autorisé & accrû la licence & le scandale ?

Sti. Bern. ep. 78. de reb. in adm. sua gest. num. 10.

De nos jours, un tel débordement de mœurs chez un Religieux emporté par la fougue du tempérament & de la jeunesse, ne se fut point étendu jusques dans le monde : cette hypocrisie, dont nous louons notre âge, sous le nom d'ordre & d'urbanité, les eut concentrées dans les murs d'un Couvent ; il y eut mordu en secret ses fers, eut cherché à s'y soulager, en appesantissant ceux de ses inférieurs, &, pendant que nous les eussions tous dévoués à la haine & à la risée d'un siècle trop au-dessus d'eux, ils se seroient acheminés en silence au tombeau, à travers les fureurs du désespoir.

Ce désordre qui devoit naître de la perversité, dans le dix-huitième siècle, l'ambition réfléchie de SUGER, l'introduisit en partie dans le douzième. Que ne puis-je le louer d'avoir fenti, dans le fein même des plaifirs, plutôt les attraits de la vertu, que les avantages de la décence, & pourquoi, avec les éloges de fes Contemporains, le tems nous a-t'il auffi tranfmis l'Hiftoire de fon adminiftration? Quel magnifique fpectacle nous eût offert ce nouveau Légiflateur, fi, plus profond (44) que celui de fon Ordre, & plus grand que celui de Sparte, il fe fut montré formant le premier à l'Univers, fur une fuite de principes par-tout vrais & toujours folides, non des Anges ou des Hommes, mais des Sages? Jetant un regard d'admiration & de refpect fur ce Monument éternel de bienfaifance & de génie, la poftérité fe fût écriée: « Il a paru ce Dieu, qui » mérita d'être le confident & l'arbitre de la » Religion & de la Nature; qui rendit à celle- » ci fes Droits, à celle-la fon Empire; qui » planta leurs barrières & fut les oppofer elles- » mêmes à leurs ufurpations! » De ce Sanctuaire Augufte, s'éleveroient aujourd'hui nos Modèles au milieu de la corruption, comme ces Ouvrages immortels, qui, de deffus les ruines de l'antique Grèce, femblent fans ceffe protefter contre l'abâtardiffement de l'efpèce humaine & le déclin des arts.

La réforme tardive & fubite de Saint-Denis, *Gerv. hift. de Sug. t. 2. liv. 5.*

fut encore (45) paſſagère. Cette Colonne ébranlée & menaçante, SUGER n'eut pas le talent heureux de la raffermir ſur des fondemens indeſtructibles, pour le bien public; il eut la force utile de la ſoutenir à propos, pour ſa ſûreté particulière. Sacrifiant à cette ſoif du pouvoir, qui le maîtriſa toute ſa vie, les charmes étourdiſſans du monde, on le vit vêtu d'un habit ſimple & groſſier, retiré dans une cellule étroite & nue, entraîner adroitement les ſiens par le merveilleux de ſa conduite, vers ces obſervances impoſantes qui gênent des goûts ſuperficiels, ſans fronder des penchans décidés. Là, il mettoit tour-à-tour en jeu, & ce nerf de caractère qui rompt les obſtacles, & cette popularité de manières qui ſubjugue la foule des Hommes; il ſurprenoit & manioit avec une égale habileté le foible des cœurs; il engageoit avec eſprit les occaſions, & les ſaiſiſſoit avec une prudente activité; & c'eſt ainſi qu'une Société nombreuſe d'égaux, nourris dans les douceurs de l'indépendance, ſe trouva aſſervie paiſiblement & d'un clin-d'œil, dans un tems où le préjugé, l'intérêt commun, la bravoure & la rage combattirent ſi ſouvent pour la licence, moins parce qu'elle paroiſſoit la liberté, que parce qu'elle n'étoit pas l'eſclavage.

Vit. Sug. lib. 1 & 2.

Vit. Lud. Gr. c. 21.

Après avoir réuni ſes Religieux ſous le joug, *Vit. Sug. loc. cit.* il ſut encore les y contenir. Il marcha toujours devant eux, dans la voie du devoir, ou ne leur *De reb. in adm. ſua geſt. c. 14.* y donna pour Conducteurs, que de ces Hommes groſſiers & ſimples, qui la ſuivent ſans défiance & ſans murmure. Ses réprimandes & ſes punitions furent raiſonnées, ſévères, communément efficaces, & décernées comme à regret. Son eſprit ne ſe laiſſa point perſuader, & ſon attention ſeule fut guidée, par les lâches confidences des Délateurs, eſpèce d'engeance *Vit. Sug. l. 1. c. 6.* attachée à ces gouvernemens dignes d'elles, qui ne ſe repoſent de rien ſur la probité & l'innocence, & où le crime fait des heureux, en faiſant des coupables. Armé de toute la fermeté *Ibid. l. 1 & 2.* d'un Maître, il affecta toute la bonté d'un Père. L'Infirme & l'Affligé vantèrent la ſenſibilité de ſon ame; l'Opprimé, ſa protection. Il ne dédaigna pas de ſourire à ſes Inférieurs : que dis-je? Il ſervit (46) quelquefois leurs vices : ſon *Teſtament*, ſes *Conſtitutions*, le *Livre de ſon Adminiſtration*, ne ſont-ils pas autant d'hommages honteux rendus à leur ſenſualité ? C'eſt là ſur-tout qu'il s'eſt décelé lui-même.

Dans cette énumération faſtueuſe d'Archi- *Ibid. l. 2. c. 9.* tectes, de Peintres, de Sculpteurs, d'Ouvriers célèbres dans tous les genres, de pierreries,

De reb. in adm. sua gest. n. 24 & seqq. de métaux précieux, de vases rares, d'étoffes riches, de productions les plus recherchées de la Nature & de l'Art, rassemblées à sa voix, je ne sais qu'admirer davantage, ou de sa puis- *De Consecr. Eccl. St. Dyon. apud Duch. t. 4.* sance ou de son orgueil. Non content des applaudissemens de son siècle, il étale déjà, avec une secrette satisfaction, tous ces titres de gloire aux siècles suivans; monté sur le faîte de ces Édifices pleins de magnificence, il avance avec eux parmi les générations futures, il se les représente étonnées à ses pieds, & il se rit de l'impuissance du tems; sentiment chimérique, qui, se détruisant, pour ainsi dire, soi-même, lui seroit seul un triste & trop sûr témoignage de petitesse & de mortalité, s'il n'en trouvoit de plus humilians encore dans le fond *De reb. in adm. sua gest. n. 4. 10. 11. 14.* de sa conscience! Par combien de manéges & d'injustices, il accrut, embellit & fertilisa les Domaines de son Monastère! Tous ces droits acquis, ces prérogatives nouvelles, ces possessions récentes, dont il s'énorgueillit, il les arracha à l'yvresse & à la perplexité de ses Souverains; il s'applaudit lui-même de s'être *Ibid. n. 15.* soustrait (47) dans Beaune à je ne sais quels assujettissemens onéreux, en mettant à contribution la trop généreuse amitié de Louis, & *Ibid. n. 22.* d'avoir su se faire un droit dans Chaumont de l'autorité l'autorité de ce Roi, unie à celle de l'Archevêque de Rouen. Dans Toury (48), j'apperçois une jeune victime se traînant lentement à l'Autel; la noble fierté de son front semble faire rentrer dans le néant ce troupeau de Serfs qui l'environne; ses yeux rouges & grossis, tantôt se tournent comme d'eux-mêmes vers la maison de ses pères, tantôt tombent avec indignation sur les ornemens qui la parent, & semblent dire : « Barbare, rens-moi, pendant que je » suis encore digne d'eux, le sein maternel, » la liberté & mes haillons, préférables mille » fois à tes présens avares & perfides »... Vœux inutiles! Tout doit ramper sous lui, & comme pour éprouver ses forces sur cette nouvelle proye, ou du poids de l'ignominie, étouffer dans son ame un souvenir de grandeur qui l'outrage, il la jette entre les bras desséchés d'un de ses Valets, nourri dans l'avilissement. Et toi, ô divine Héloïse, toi, dont nous avons vu le plus sensible (49) & le plus vertueux des Mortels consacrer à jamais le nom, avec ceux de l'honnêteté & de l'amour, l'insatiable avidité de SUGER t'envie cet asyle sacré, où tu cherches dans la résignation & les larmes, une consolation à tes malheurs; & aussi-tôt l'Église qu'il suscite & séduit, t'en chasse comme

Ibid. c. 12, in fin.

Ibid. c. [illegible]

d'un repaire de proſtituées. Grand Dieu ! ſi tels ſont les reſſorts iniques qui élèvent les Hommes aux honneurs & à la fortune, laiſſe-moi mon obſcure médiocrité.

Que d'autres le louent maintenant ce SUGER, d'avoir été ſupérieur à ſon Siècle ; pour moi, las d'envisager tant de noirceurs, c'eſt ſur ce Siècle même que je me plais ici à repoſer un inſtant ma vue.

Louis jaloux, avoit ſouvent excité ou ſoutenu les mouvemens inteſtins de la Normandie, révoltée de l'ombrageux deſpotiſme de ſon Duc Henri d'Angleterre ; & Henri après avoir pacifié la Normandie par des bourreaux, & battu Louis par des Soldats & par pluſieurs de ſes indociles vaſſaux, venoit de réveiller le Démon (50) de la vengeance contre la France, dans l'ame atroce de l'Empereur. LA PATRIE EST EN DANGER ! ce cri a retenti dans tous les cœurs ; &, où je ne voyois tout-à-l'heure qu'un champ enſanglanté d'Uſurpateurs plus prévoyans qu'avides, ou qu'un lycée turbulent d'Athlètes, plus guerriers que féroces, je n'apperçois maintenant qu'une famille innombrable de Citoyens, réunis ſous une bannière commune, animés de l'enthouſiaſme de leur Pays, & brûlans de fondre ſur

Roz. de Fr. ann. 1120.

Mézer. règ. de Louis VI, &c. &c.

Vit. Lud. Gr. c. 21.

ces cohortes Germaines qui les menacent.... Mais déjà la terreur les a dispersées, & elles ont disparu, comme si elles ne se fussent montrées que pour laisser à l'Univers un exemple de ce que peut, dans le tourbillon même des factions, le saint nom de PATRIE, sur ces hommes qui n'ont point encore respiré l'air léthargique de la servitude. Telle, Cincinnatus, Camille, Scipion, votre Rome se formoit les Conquérans du monde; qu'ils paroissent les vengeurs de Brennus & des Annibals : quels qu'ils soient, elle est toujours sûre de leur opposer des Romains.

Ce n'étoit que des Soldats, sans doute, rustres mêmes & souvent mutins, mais qui valoient bien peut-être ces Agens habiles, dont les manœuvres sourdes & basses vont choisir à l'Ennemi des Chefs, ou dévoués à nos Maîtres, ou faciles à vaincre. Ainsi pourtant nos Écrivains (51) font un mérite à SUGER, d'avoir sçu, après la mort de Henri, écarter du Trône par ses intrigues, des Successeurs redoutés de Louis VI; conjecture, dont il est aujourd'hui permis à une politique étudiée de s'applaudir, sans qu'elle en soit moins dénuée de fondement en elle-même, *Félib. vie de Sug. &c.*

& injurieuſe à un Prince accoutumé toute ſa vie à attaquer & à vaincre des Héros.

Vit. Sug. l. 1. c. 2. Il fut néanmoins l'ami de SUGER, & il devoit l'être. Ils n'avoient de communes que les paſſions qui ſympathiſent enſemble, & de ſingulières, que celles qui ſe nourriſſent mutuellement. Louis étoit-il tranſporté de l'ar- *Vit. Lud. Gr. c. 21.* deur des combats ? Il voyoit, ſous les murs de Clermont, un autre ſoi-même oppoſer tranquillement ſon bouclier à une pluie de flêches qui amonceloient pêle-mêle les cadavres & les mourans autour de lui. Étoit-il altéré de pouvoir ? Il ſe ſentoit exciter, dans le ſecret du Conſeil, par un Miniſtre favori & judicieux, contre des Vaſſaux, communément plus coupables d'être les émules de leur Roi, que d'être les oppreſſeurs de ſon peuple. Le penchant naturel de l'un & de l'autre vers l'équité, n'étoit-il plus détourné par des vues perſonnelles? Le Souverain devoit aimer alors *Vit. Sug. l. 1.* à retrouver à côté de ſon Trône l'Avocat zélé du pupille, de la veuve & du foible, & au milieu de ſes ſujets, le Dépoſitaire & le Diſpenſateur fidèle & ſcrupuleux de ſa juſtice. Si enfin l'Abbé de Saint-Denis étoit intéreſſé, ſon Maître étoit généreux, & la candeur de celui-ci admirant la politique de celui-là, qui la prémunissoit contre les surprises étrangères, ne se défioit pas de cette même politique qui se prévaloit quelquefois d'elle. Mais qu'est-il besoin de développer les liens qui les unissoient ? Louis est dans l'abattement ; un accident désastreux vient de lui ravir un enfant chéri, l'ouvrage fructueux de ses soins ; il le pleure sur le sein de SUGER, ils se retracent l'un à l'autre ses heureuses inclinations & les regrets des honnêtes gens, & peu à peu, à ce souvenir poignant, l'ami consolateur substitue celui de cet autre fils également digne de sa tendresse, devenu le Successeur nouveau de son Sceptre, comme il annonçoit devoir l'être de ses vertus. Il fut sur-tout une situation terrible, où en butte au dégoût, à la douleur & à la mort, Louis avoit déjà fait à la Religion le sacrifice entier des choses & des affections humaines ; l'amitié seule sembloit l'animer encore ; il fixoit ses yeux sur le visage de SUGER baigné de larmes, & il prononçoit le doux nom d'ami. O précieux, ô célestes charmes de l'amitié ! Environnés de méchans, de perfides & d'ingrats, rongés de besoins, accablés de misères, à tous momens avertis de nôtre imperfection

Vit. Lud. Gr. in fin.

Ibid.

par nos fautes, la ſociété ne nous ſeroit-elle pas affreuſe ſans ſes tendres & ſalutaires épanchemens! Leſquels de nos plaiſirs, de ceux-là même qui naiſſent du ſentiment le plus impétueux, le plus jaloux, le plus tyrannique qui ait jamais agité le cœur des hommes, ont de prix pour les ames ſenſibles, que par ſon image?

Ord. Vit. ann. 1132. Mézer. rég. de Louis VI. Cependant Louis VI expire, laiſſant à ſes Sujets de (52) nombreux Réformateurs de Cloîtres, des Moines Médecins & Juriſcon- *Fleur. l. 68.* ſultes, des anathêmes contre les Tournois, un Chef courageux, l'habitude des défaites, avec les inſtrumens enfin & l'ébauche de la civiliſation, le germe des vices, encore plus utiles aux Rois que la force; & à ſon Succeſſeur, de grands exemples de valeur & *Ord. Vit. ann. 1134.* d'activité, une couronne fixée d'avance ſur ſa tête, moins par le vœu de la Nation, qu'en *Vit. Lud. Gr. in fin.* dépit de ſes murmures, une femme riche, non de ces vertus privées qui donnent le bonheur, mais de Domaines vaſtes, au moyen deſquels on le joue, & enfin SUGER. Au *Hiſt. d'Ang. p. Rap. Thoir.* reſte, des factions, des troubles & des guerres conduiſoient inſenſiblement l'Angleterre à la *Hiſt. d'All. St. Marc. Murat.* liberté; la pente naturelle du gouvernement & du caractère, aidée de quelques ébranlemens domeſtiques, y ramenoit à grands pas l'Allemagne ; l'Italie combattoit pour ſon ombre, comme des Enfans pour des joujoux ; en un mot, la France n'avoit plus à ſe garder que d'elle-même. Avant ce Siècle, le Peuple y paroiſſoit un aſſemblage de troupeaux ſauvages, enchaînés ſur les traces d'une foule de Pâtres brutes & hardis ; c'étoit un des grands vices du ſyſtême féodal, & ce fut une des principales cauſes de ſa chûte : ſoit parce que toute conſtitution (53), qui, loin de déterminer invariablement les rapports naturels du Citoyen au Citoyen & ſur-tout du corps à l'individu, tend à les anéantir, jouit de ce degré ſeul de ſtabilité, que donne la main de l'homme luttant contre celle de la Nature ; ſoit parce qu'ici les droits factices ſubſtitués aux droits primitifs, étant partagés entre une infinité de Rivaux, il devoit en réſulter jalouſie & ambition ; & de-là, combats, diviſion, affoibliſſement de forces, d'une part ; oppoſition d'intérêts, politique, manéges, d'une autre ; & enfin prépondérance pour celui, qui, plus adroit, ſauroit (54) ſe ranger du parti de la Nature, en même tems qu'il tromperoit ſes vues : c'eſt ce que fit SUGER. Pendant que, dès le principe de ſon Miniſtère, mille causes préparoient l'épuisement & la ruine des Seigneurs, les Villes Royales (55) donnoient l'exemple d'acheter de leur Suzerain assez de liberté pour n'avoir plus à se regarder continuellement avec horreur, pour oser parler de violences & d'injustices, & offrir du moins des services qu'elles ne pouvoient refuser. Mais semblable à l'Ours apprivoisé, qui, déchaîné contre des voleurs, étoufferoit aussi le Maître poltron, dont la contenance trahiroit le cœur, Orléans dégagé sous Louis VI, se révolta sous Louis VII, éloigné, jeune & sans expérience: il accourt, il se montre avec SUGER; les Boute-feux sont tranquillement menés au supplice; & le reste de ces prétendus affranchis criant, OBÉISSANCE ET GRACE, prouve simplement qu'il est un fantôme de liberté pire que l'oppression.

Dan. rég. de Louis VII.

Baud. adm. de Suger, Gest. Lud. VII.

En développant l'esprit d'administration du nouveau Louis, je ne ferai qu'approfondir le génie de SUGER; car fouiller dans les premiers événemens de ce règne, c'est simplement s'arrêter sur les traits épars, en quelque sorte, & perdus de ce grand homme.

Ce n'étoit pas assez pour le jeune Prince d'avoir annoncé, par la fermeté & la vigueur de sa conduite, qu'il se rioit des séditions; il se hâta encore de les prévenir, en assem- *Vell. ann.* blant les Grands de son Royaume, pour in- 1137. voquer, dit-on, contre elles la sagacité patriotique de leurs conseils; & en effet, ce me semble, pour déployer devant eux la précautionnée sagesse des siens.

Des Fêtes plus galantes que guerrières *Hist d'Et.* rassemblèrent en même tems une foule d'ad- *de Guyen.* *p. 1. l. 2.* mirateurs autour d'une Reine, jeune, belle & folâtre; les Seigneurs commencèrent à *Baud. a'lm.* comparer l'éclat séduisant de la Cour du Roi *de Sug.* *Gest. Lud.* avec la rustique simplicité de la leur; & (56) *VII.* *Hist. Lud.* la rébellion isolée & à peine éclose de Gau- *VII.* cher de Montjeai, l'engourdissement de presque tous les autres anciens Rivaux du Trône, enfin le crédit naissant des Troubadours, ne tardèrent pas à marquer évidemment cette révolution.

Un ennemi d'autant plus dangereux que sa puissance temporelle étoit d'opinion & sembloit divine, le Pape (57) vint alors troubler la paix de l'État, & entreprenant d'y étendre *Chron. Maur.* encore plus son despotisme que ses Prédéces- *Vell. ann.* *1140.* seurs n'avoient tenté de le faire dans la Germanie, voulut d'abord disposer seul des Évêchés; répondit ensuite à l'indignation du Souverain, *Fleur. l. 68.*

par des sarcasmes, des excomunications & des interdits; arma contre lui le Comte de Champagne, aussi décidé Protecteur des Églises, que Vassal remuant & jaloux; & lui suscita les fougueuses & menaçantes représentations de ce Saint-Bernard, qui, par la merveilleuse austérité de ses mœurs, la chaleur entraînante de son imagination & l'assurance enthousiaste de son zèle, mit à profit toute la superstition de l'Europe, comme SUGER toute la bonhommie de la France. Si ce Ministre eût secondé les prétentions d'Innocent, il se fut déclaré un ingrat & un traître: quand néanmoins je médite sur la forme civile, humaine, s'il m'est permis de m'exprimer ainsi du Christianisme, qui de ses Prêtres fait une Société particulière, dispersée dans le sein de toutes les autres Sociétés, dont l'intérêt soude les membres, & dont par conséquent le lien doit se resserrer en raison de ce que l'intérêt s'accroît; je trouve SUGER grand, d'avoir opposé le Monarque au Pontife, & je me plais à le louer de s'être montré Citoyen.

De Larr. hist. d'El. p. 1, l. 2.

Sti. Bern. Epist. 222.

Conseillés par la prudence, il ne nous manquoit que d'être conduits par la modération. Mais autant elle est toujours rare dans la vengeance, autant elle eſt ſur-tout difficile à ces ames neuves qui éprouvent pour la première fois les coups de l'injuſtice, & impoſſible au coupable qui prétend légitimer des crimes. Le jeune Souverain avoit fait égorger ſes Sujets par ſes Sujets, pour des droits juſtes; il les fit maſſacrer & piller pour défendre un adultère; enfin, ſa bonne-foi fut jouée; la rage & la fureur l'emportèrent; Vitri fut brûlé; le remords ſortit des cendres de ſes Habitans, confondues avec celles de ſes murs; dans le même inſtant, les Chrétiens de la Paleſtine jettèrent un cri de détreſſe, & Louis jura la ſeconde croiſade aux pieds des Autels.... Vous ſouriez avec pitié? Êtres ſans ame! Je ne m'en étonne pas, je ſens que ce n'eſt pas à vous à juger de la vertu. Couvrez la turpitude de la veille, par la turpitude du jour, incruſtez vos cœurs d'iniquités, & diſputez enſuite de bonheur avec vos pareils. Mais s'il reſte de l'honnêteté ſur la terre, ſi le vieux préjugé de la conſcience fermente encore chez quelques hommes vierges, ils le concevront ce déchirement d'entrailles du Criminel, qui ne ſait où repoſer ſes yeux dans la Nature, ſans y heurter contre le bucher fumant, dreſſé par ſes mains à l'innocence,

Mézer., *Dan.*, *Vell.*

Chron. Maur. *Geſt. Lud. VII.*

De Larr., *Hén. Fleur.*

& cette ſoif aveugle d'actions extraordinaires & vertueuſes qui tranſporte le miſérable, obligé de recouvrer juſques à ſa propre eſtime: à ceux-là ſeuls appartient de peſer les actions des âges antiques. En admirant & les hommes qui embraſſèrent le projet de cette fameuſe entrepriſe, & le ſiècle où l'on en tenta l'exécution, néanmoins, je l'avoue, ils applaudiront à SUGER (58) judicieux au milieu de l'effervescence univerſelle, & ils croiront l'entendre ſous les murs de Vezelai, oppoſant à-peu-près ce Diſcours à l'enthouſiaſme de Saint-Bernard.

Vit. Sug. lib. 3. c. 1.

« FRANÇAIS, une ſecrette joie pénètre mon » ame. Aux ſeuls mots de Religion & de com- » bats, je vois mes Concitoyens & mes Frères » treſſaillir, lever les mains vers le Ciel, & » brûler de porter, aux extrémités du monde, » la vengeance & le nom du Dieu qu'ils ado- » rent. Tels ſe montrèrent, il y a cinquante » ans, ces Héros qui vous euſſent tranſmis » l'Empire de l'Aſie & de l'Univers, ſi, pour » le conquérir, c'eût été aſſez de la valeur & » de la vertu. Leurs armées étoient innombra- » bles, chaque combattant fit des prodiges, » par-tout ils défirent l'Ennemi, & cependant » quel fut le fruit de leurs triomphes? Une ſté-

» rile gloire & la domination paſſagère & mal » aſſurée de quelques étroites Provinces. Que » leur manqua-t-il donc ? Ce qui vous man- » quera, Citoyens, & ce que les hommes ne » donnent pas : l'eſprit de ſageſſe & de con- » corde qui dirige, réunit & vivifie les efforts, » mais qui convint toujours mal avec le natu- » rel bouillant & fier de toute nation belli- » queuſe ; le concours de circonſtances favo- » rables, que Dieu fait marcher devant ces » Conquérans rapides, ces foudres vivans qu'il » lance ſur la terre, pour y être les inſtrumens » de ſa colère ou de ſa providence.

» Je ne vous parlerai point des Barbares que » vous attaquez : s'ils comptent les Scythes » parmi leurs Ayeux, & les Arabes parmi leurs » Eſclaves, vous comptez auſſi vos Pères parmi » leurs vainqueurs, la trahiſon pour le princi- » pal fondement de leur puiſſance, &, entre » leurs Ennemis, la Divinité qu'ils propha- » nent, & dont ils ne prononcent le Saint » Nom, qu'avec celui du plus profond & du » plus ſcélérat des impoſteurs.

» Mais cet eſpace immenſe qui vous ſépare » d'eux ? ces perfides amis dont vous traverſe- » rez les terres ? ces déſerts arides & inconnus » où vous aurez à vous défendre tout à la fois

» des forces & des embûches des Turcs, de la
» politique de Constantinople, de la disette,
» de la situation, du terrain & du climat?
» mais vos vices? mais sur-tout la justice, la
» justice, Citoyens, que j'ai honte de n'avoir
» pas nommé la première, qui, je l'espère,
» vous est encore plus chère que la gloire, &
» qu'au nom de cet Être, dont la main im-
» mortelle en grava elle-même les principes
» dans le fond de vos cœurs, à côté de sa
» propre image, je vous conjure de consulter
» en ce moment avec candeur & impartialité?
» Quels sont vos droits? Ceux du Dieu qui,
» descendu sur la terre pour y laisser des em-
» preintes plus frappantes & plus ineffaçables
» de sa grandeur & de sa bonté, les verra fou-
» lées sous les pieds de l'Idolâtre & de l'Impie?
» Mortels grossiers! Les monumens précieux
» de ses merveilles ne sont point assis sur l'ar-
» gille: laissez aux méchans se disputer ce bas
» Univers, y marquer leur passage par le bruit,
» la dévastation & le sang, évaluer leur bon-
» heur sur le nombre de leurs semblables, dont
» ils peuvent achever les jours d'un seul mot,
» ou sur l'étendue des contrées où ils exercent
» impunément leurs rapines; les malheureux,
» ils ne connoîtront jamais de plus douce jouis-

» ſance! Celle de Dieu eſt en lui-même & dans » l'hommage du juſte : adorez-le, offrez-lui » ſans ceſſe une vie bienfaiſante, vertueuſe & » pure; ainſi, il eſt jaloux de régner ſur les » hommes, & tel eſt le ſeul Empire qu'il » n'a pas dédaigné de venir ſe conquérir lui- » même.

» Mais, je le vois, le péril de vos Conci- » toyens menacés & chancelans de toutes parts, » excite votre indignation & enflâme vos cou- » rages? Quels ſont-ils donc vos Concitoyens? » ces gens ſans cœur, qui ne peuvent conſer- » ver des Royaumes tous pleins encore de la » mémoire & des exemples des Guerriers illuſ- » tres dont ils les tiennent? Parce qu'ils cèdent » & tremblent devant Noradin, ils ſe diſent » vos frères; parce qu'ils ſont lâches & inté- » reſſés, ils veulent que vous ſoyez téméraires » & généreux; ils s'entre-haïſſent, & ils vous » parlent d'amitié; leurs ames reſſerrées ne ſe » nourriſſent plus que de jalouſie, de méfiance » ou de baſſeſſe : ils vous appellent & ils vous » trahiront; puiſqu'ils ignorent qu'il eſt beau » de mourir pour la gloire, qu'ils expirent, en » fuyant, ſous les coups des infidèles : leur » exiſtence déshonoreroit la vôtre. Et s'il ſe » trouve parmi eux de vrais Français, ils re-

» viendront apprendre de vous tous à goûter » l'ineſtimable douceur d'être bon Citoyen dans » le ſein de ſon pays.

» Néanmoins ils ſont tous Chrétiens, je l'a- » voue, & je verſe des larmes quand je me » les repréſente perſécutés & rampans ſous le » joug des Muſulmans. Je volerai à eux, Com- » patriotes, je me mettrai à la tête de leurs » troupes, je me proſternerai devant cet au- » guſte tombeau, où ils regarderont ſuſpendus » les glaives de leur ayeux encore teints du » duſang des barbares ; & par ce mont ſa- » cré, où leur Dieu, en proie à tout ce que » les hommes inventèrent jamais de plus dé- » chirant en ſupplices & en inſultes, ſe ſou- » lageoit à leur ſeul ſouvenir, je les conduirai » à l'ennemi, j'immolerai de ma propre main » l'uſurpateur d'Edeſſe & le perturbateur du » repos des Fidèles, & je leur enſeignerai à ne » pas rougir d'avance de leur défaite. Citoyen » ſuperflu, de tels ſacrifices ſont faits pour » mes pareils ; mais vous ? il n'y aura plus de » France, ſi vous l'abandonnez.

» Pardonnez à ma franchiſe & à l'amour du » bien public, ſi je ne vous déguiſe pas ici » quelques vérités amères ; ſondez vos ames » & oſez y reconnoître des ſentimens moins

» ſublimes,

» ſublimes, que la piété & l'humanité: l'am-
» bition & l'orgueil vous enivrent. Semblables
» à des légions de ſangſuës affamées, aux-
» quelles il faut du ſang, vous voulez du
» carnage & des conquêtes. Courez, portez
» la déſolation dans l'Orient, & prodiguez
» inutilement vos jours loin de vos foyers.
» Ces champs ſi ſouvent arroſés de vos ſueurs,
» & qui vous nourriſſoient, vont ſe couvrir
» de jonc-marin, de ronces & de bourre;
» ces maiſons bâties par vos pères, pour y
» raſſembler autour de vous tout ce qui peut
» faire le bonheur de l'homme, ſeront bientôt
» des maſures inhabitées & tombantes; ces
» campagnes & ces villes animées, où la vue
» des Concitoyens réchauffe ſans ceſſe l'ami-
» tié & l'amour de la Patrie, ſe change-
» ront en des déſerts effrayans, où le Voya-
» geur cherchera des traces humaines, &
» ne rencontrera que la piſte des bêtes ſau-
» vages.

» Mais non, je me trompe: les mêmes In-
» fidèles qui s'applaudiront de la protection
» de leur Mahomet, lorſque vous vous dé-
» truirez dans l'Aſie; les mêmes qui oppri-
» ment l'Eſpagne, établiront auſſi leur tyran-
» nie & leur Prophête dans la France; & pour

F

» l'avoir occupée, ils se vanteront à la postérité de l'avoir asservie.

» Et vos femmes & vos enfans, la partie » la plus chère de vous-mêmes, que deviendront-ils? S'ils restent, ils sécheront dans » la misère; ils seront le jouet de toute la » Nature; ils maudiront leur naissance; ils » réclameront en vain leur soutien & leur » père; vous-même, jettant quelquefois vos » yeux autour de vous, ne les y retrouverez » plus. S'ils vous suivent, vous les porterez » exténués de fatigue dans vos bras, à travers les précipices & les ennemis; vous leur » donnerez votre substance à dévorer, & ils » mourront de faim; par-tout ils ajouteront » leurs maux aux vôtres; vous les verrez peut-être vous tendant les mains, tomber percés » à vos côtés; peut-être, & ce sera le comble » de l'horreur, il vous survivront, & vous » mourrez l'esprit tourmenté de l'incertitude » de leur destinée. Que sais-je? Captifs chez » l'Ennemi, ils iront respecter des mœurs insensées & honteuses, & dans les plus vils » emplois se voir dégrader du caractère de » l'homme, sous le fouet des barbares; ces » chastes compagnes, dont les épanchemens » délicieux charmoient vos peines, au lieu

» des tendres careſſes d'un époux, auront à » eſſuyer dans un Serrail les mépris ou les fa» veurs plus accablantes encore d'un Maître.

» Songez-y, Citoyens, renoncez à une folle » & ſéduiſante entrepriſe, défiez-vous d'un » zèle trompeur, & offrez aux hommes un » ſpectacle qu'ils ne virent jamais, celui d'un » Peuple, qui, pouvant être le rival & l'effroi » de toutes les Nations guerrières, aima mieux » être le modèle d'une Société pacifique, con» duite par le patriotiſme & la modération.

» Pour vous, Sire, s'il n'appartient qu'à » une belle ame & à un grand Roi d'effacer le » ſouvenir de quelques momens de criſe & » d'oubli, par des tranſports de magnanimité » & d'héroïſme, il lui appartient, (excuſez ma » liberté) il lui appartient, dis-je, encore da» vantage, de ne jamais perdre de vue, que des » liens indiſſolubles & éternels l'attachent au » gouvernement de ſes Peuples. Jetez vos re» gards ſur les différentes Provinces de votre » Royaume, tout vous retracera la ſageſſe des » conſeils qu'oſe vous donner un Sujet qui a » vieilli en aimant & en ſervant ſes Souverains. » Le ſeul témoignage de repentir digne de » vous, c'eſt de ſignaler déſormais tous les » jours de votre règne par des actes de bien-

» faiſance & d'équité, d'entretenir le calme
» dans l'État, d'y répandre l'abondance; en
» un mot, de faire enſorte que chacun de vos
» Sujets, également ſatisfait de ſoi-même &
» de ſon ſort, aime à ſe croire continuellement
» préſent à votre cœur, & environné par-tout
» de la Divinité ».

Ainſi penſa SUGER; mais que peut la froide prudence ſur des eſprits hors d'eux-mêmes? Heureuſe la Nation, qui, dans toutes les circonſtances, peut ſe montrer tout ce que la Nature l'a faite: ſon hiſtoire fourmillera de fautes politiques, toutes reparées par encore plus de prodiges. Lorſque le Lion promène ſur les ſables brûlans de l'Afrique, comme ſur ſes domaines, ſon port majeſtueux, ſa démarche fière, ſon courage toujours juſte & victorieux, ſes affections toujours nobles dans leur férocité, tout annonce aux Animaux leur Roi; & ce même Lion échappé par haſard de ſa loge dans nos Ménageries, ne paroît plus qu'une bête fauve indomptable & terrible, plutôt aveugle dans ſa fureur qu'intrépide dans ſes attaques, plutôt inſatiable de deſtruction & de maſſacres, que carnaſſière, qui enfin, de péril en péril, court ſans néceſſité à la mort, plutôt qu'elle ne l'affronte; comme ſi, parce que ſa puiſſance & ſa force ont été contraintes, il lui falloit déſormais, pour en goûter la jouiſſance, les exercer à chaque moment toutes entières. Tels nos Ancêtres, ſans ceſſe abandonnés à l'impétuoſité naturelle de leur caractère, euſſent renouvellé les exemples des Républiques Citoyennes & invincibles; rendus à cette impétuoſité par intervalles, ils ne furent que d'illuſtres forcenés, ſourds à la voix de SUGER, c'eſt-à-dire à celle de la raiſon, &, je l'avoue, excuſables en cela ſeulement, que leur paſſion étoit grande & héroïque, & qu'en expoſant le ſalut de la Patrie, ils ſurent en confier l'Adminiſtration à un Miniſtre expérimenté, ſage, zélé, qui, s'il n'avoit pas le talent infiniment rare de réformer un régime vicieux, poſſédoit celui, preſque plus néceſſaire, de le manier avec le moins de déſavantage poſſible...

SUGER dut la régence aux ſuffrages libres de toute la France; elle déſigna ainſi à la poſtérité l'homme le plus éclairé & le plus utile de la Nation; car c'étoit encore un des avantages de ces tems de ſimplicité & de rudeſſe, que l'eſtime générale ne s'uſurpoit pas. L'Abbé de Saint-Denis porté par ce choix flatteur à ſa vraie place, refuſa: né avec une intelligence vaſte & prompte, il en embraſſa ſans doute

Vit. Sug. l. 3. c. 1.

Chron. Maur. l. 2.

au premier coup-d'œil toutes les difficultés; mais il avoit dans l'âge des passions trop manifesté de politique & sur-tout d'ambition, pour ne lui supposer que de la modestie dans sa vieillesse. En résistant quelque temps au vœu des Peuples, il prévint leur repentir & leurs murmures; en cédant aux ordres du Chef de l'Église, trop puissant alors dans toute l'Europe, il donna plus de poids, & prépara plus de liberté & d'étendue à l'autorité suprême, dont il alloit être revêtu.

J'ai déja fait connoître & peut-être regretter les mœurs brutes de ses Contemporains; l'imperfection du gouvernement François est en général frappante, les détails en sont très-difficiles à développer. Dans les siècles d'ignorance, les Compilateurs transmettent les faits qu'ils voient se succéder & s'effacer les uns les autres. Quant à la constitution, elle est éternelle ou nulle à leurs yeux, parce que ses changemens d'ordinaire sourds & insensibles, ou ses rapports souvent trop éloignés, sont perdus pour des esprits peu versés dans l'art de penser & d'observer. C'est dans les Loix qu'il conviendroit d'étudier le mécanisme de tout corps politique: mais les Loix qui semblent donner un frein aux Peuples, le supposent, & ne sont que s'en saisir & le fixer ; elles exigent donc, & des devoirs gênans déja avoués, & des principes fort peu évidens reconnus, c'est-à-dire, en d'autres termes, un commencement de politesse & une habitude de combinaison ; manière d'être doublement pénible, &, par cela seul, presque tout-à-fait étrangère à des demi-sauvages tels qu'étoient nos Ancêtres. Au droit de nature reconquis en partie, se joignoit parmi eux un reste de vieilles entraves civiles, d'où résultoit un mélange monstrueux de liberté & d'asservissement, de malheur & de félicité, de grandes qualités & de grands crimes. Pour apprécier SUGER, dirigeant paisiblement l'État au milieu de ce cahos, j'entreprendrai moins de le débrouiller que de l'indiquer.

L'autorité royale étoit contre-balancée, gênée & restreinte de tous côtés par Rome, le Clergé & les Grands. Le crédit des Prêtres, *Tac. de M. G.* 7. 11. aussi ancien que la Nation, y étoit fondé sur le sentiment d'indépendance du Germain, qui prétendoit ne recevoir de loi ou de châtiment *Mœurs des Français.* que de la Divinité ; leur puissance & leur richesse furent le prix de ce crédit vendu aux *Esp. des Loix, l.* 18. *c.* 30. *l.* 31. *c.* 9. Carlovingiens ; l'Empire Papal enfin, qui paroissoit fait pour l'accroître, en sapa le premier

les fondemens, lorſque, vers le ſiècle même de SUGER, ayant fini de ſubjuguer l'Europe, ſon influence commença à ſubſtituer le génie chrétien au génie féodal, & des mœurs exotiques aux mœurs indigènes : juſqu'alors ce
Fleur. l. 45. Peuple de petits Rois ſoldats, qui rempliſſoit la France, les avoit reſpecté comme ſes oracles, parce qu'il les aimoit comme ſes dignes rivaux ; ſi-tôt qu'ils ne furent plus que de ſubtils raiſonneurs, il les dédaigna & perſécuta en eux les émules de ſes prétentions & les
Ex Epiſt. hiſt. Sug. apud Duch. t. 4. ep. 101. 103. usurpateurs de ſes patrimoines. De-là, entre les Égliſes & les Seigneurs, ces brigandages, ces vexations, ces violences, ces guerres inteſtines, dont la politique Romaine, aidée autant du ſyſtême civil de notre Chriſtianiſme, que de ce même penchant religieux qui avoit fait autrefois de nos Prêtres, nos Juges, ſe rendit habilement la vengereſſe & l'arbitre. Ainſi, par un enchaînement plus naturel qu'il ne ſemble, la même révolution qui devoit ruiner l'autorité du ſacerdoce parmi nous, étendoit & enracinoit ſur ſes débris la domination des ſouverains Pontifes.

Ibid. Ep. 7. 13. 18. 29. 61. 90. 99. 101. 103. 107. 114. 116. Non content de régir l'État avec ſageſſe, jaloux encore de le pouſſer de plus en plus vers la ſervitude, SUGER ſut y régler & y miner tout ensemble ces trois pouvoirs l'un par l'autre. Il caressoit Eugène pour disposer de ses *Vit. Sug. l. 3. c. 4.* foudres ; il protégeoit le Clergé pour affoiblir les Grands ; ceux-ci il les contenoit ou les pacifioit pour les humaniser, & en les accoutumant à la médiation de leur Chef, les préparer à en recevoir les Loix. Quelquefois il affectoit *Ep. 3. 83. 84. 85. 118. 119. 120. 124. 129.* la complaisance d'un ami ; souvent il donna avec succès les ordres d'un maître ; il osa même fronder Rome (59) ; en un mot, tour-à-tour affable & fier, souple & infléxible, sévère & facile, son génie vaste & fécond sembloit moins s'être tracé le plan d'administration le mieux adapté à l'ordre actuel des choses, que concevoir & exécuter sans cesse, le plus propre aux ressources du moment.

Par son influence dans les élections, il peu- *Ibid. Ep. 15. 23. 33. 35. 43. 44.* pla l'Eglise de France de créatures dévouées au trône ; par son crédit aux pieds du S. Siége, il la purgea de sujets turbulens & factieux. L'Abbaye de Sainte-Geneviève nourrissoit en- *Vit. Sug. l. 3. c. 2 & 4.* core de ces Prêtres imbus des maximes nationales, & par-là d'autant plus difficiles à re- *Ep. 27. 45. 46. 47. 66. 67. 68.* fréner : avec quelle fermeté, quelle constance, quelles mesures, il punit leur indocilité & prévint à jamais leurs efforts !

Le berceau des Sciences (disons-le à leur honte) fut celui de ces dissentions scholastiques dans le ſein deſquelles germoit déja le fanatiſme, comme pour nous faire regretter un jour la gothique ignorance de nos Ayeux & achever enfin d'affranchir le ſceptre de nos Monarques en briſant celui des Papes ; car tel eſt l'unique & trop cher avantage de cette parricide fureur, qu'elle détruit les abus par cela ſeul, qu'elle les marque de ſang. Ici je tremble de ſonder le cœur de SUGER : intérêt de ſes Maîtres, l'aurois-tu donc durci à tous les charmes de l'humanité ; &, dans le barbare qui punit (60) le délire comme le crime, admirerai-je le Miniſtre habile qui, à l'aide du glaive ou du maſque de la Juſtice, perce indifféremment & applanit de toutes parts à ſes Rois le chemin du deſpotiſme ? Malheureux, Quel torrent de calamités tu as déchaîné ſur nos têtes ! Sous les cendres de ces inſenſés, dignes ſeulement de la pitié & de la riſée publiques, couve la première étincelle de cet embrâſement (61) terrible qui étouffera bientôt la nature & le bonheur dans tout le midi de la France, pour en exterminer l'erreur.

Fleur. liv. 69. Vell. ann. 1148.

Mais comme un géant fougueux qui, ſe précipitant à travers des phalanges ennemies, lanceroit aveuglément contre elles des armes ou des hommes, SUGER détruit ou refond le naturel de la nation en créant ou en bra-

vant des préjugés. Il en étoit un qui, utile peut-être dans un pays de Citoyens où le culte ne seroit qu'un hommage de plus rendu par l'enthousiasme à la vertu & à la patrie, étoit devenu dangereux parmi nous, où la multitude avoit plié la religion à ses vices, dans le désespoir d'atteindre à sa rebutante perfection: ce préjugé, c'étoit la superstition, cette illusion des bonnes ames & des siècles ignorans. Différente du fanatisme dans son caractère comme dans sa source, elle ne consacroit pas les forfaits sous le nom de zèle, elle les favorisoit sous celui de clémence & de pardon: l'asyle sacré & consolant du juste accablé d'infortune & de douleur, devenoit aussi le repaire assuré de l'assassin rongé par le remords & poursuivi par les loix. Mais malgré les cris Ep. 16.
des Prêtres (62) & les prétendus pleurs des marbres, on vit sous l'Abbé de Saint-Denis les coupables traînés de l'autel à l'échaffaud, l'espoir de l'impunité banni, l'opinion populaire heurtée sans ménagement, & jusqu'aux fondemens les plus profonds de la toute-puissance ecclésiastique frappés; ainsi la France encore étonnée des premiers coups de l'ambition, éprouvoit déjà le terme extrême du pouvoir.

Je ne me lasse pas de le suivre, ce grand

Ministre, entraînant en quelque sorte sur un même courant toutes les parties de l'administration ; ce qui étoit peut-être une faute, mais une faute au-dessus des hommes ordinaires. Les formes judiciaires dans les gouvernemens d'institution humaine, sont les rênes entre les mains du maître; chez nos pères, elles étoient le développement des mœurs: altérer celles-là, c'étoit énerver celles-ci. La raison & quelques coutumes simples transmises d'âge en âge, comme les règlemens de Lacédémone, par la seule tradition, formoient notre droit civil; nos tribunaux étoient des conseils de guerre; mais cette compilation informe & volumineuse d'un petit nombre de sages loix que Rome enfanta lorsqu'elle ne produisit plus ni patriotes, ni héros, & que les barbares destructeurs de son empire avoient enseveli sous ses ruines, déterrée (65) depuis peu dans l'Italie, n'échappa point au génie de SUGER: par elle, il voyoit déjà la passion des armes éteinte sous la fureur des sophismes, & l'hérissée & ténébreuse science arrachant le glaive de la Justice à la brusquerie & à la droiture militaire. Il avoit commencé la révolution, lorsqu'il commença d'abolir (64) l'usage des combats; il la hâta durant sa régence: sa vigilante sévérité contre les malfaiteurs, son

Esp. des Loix l. 28. c. 45.

Murat. Annal. d'It. ann. 1116 &c.

accueil prévenant envers les opprimés, qui, de toutes les Provinces, accouroient puiser auprès de lui ou des secours efficaces, & en apparence désintéressés, ou des conseils amis & réfléchis; son attention enfin à multiplier de tous côtés, s'il m'est permis de m'exprimer ainsi, le charme de son administration, en y multipliant les représentans du trône, firent bientôt sentir aux peuples les avantages de la balance toujours juste & pacifique de ceux-ci, sur celle des cours de leurs Seigneurs naturellement suspecte, souvent turbulente, & dont le crédit avoit déchu chaque jour avec leur pouvoir. Les appels furent légérement interjetés & légèrement admis. On mêla aux principes du bon sens les Ordonnances de nos Rois, & peu après le recueil obscur de Justinien; c'est alors que nos Chefs furent réellement les moteurs suprêmes de cette fonction du corps politique la plus essentielle, la première, & peut-être l'objet & le résultat primitif de toutes, qui consiste à fixer les devoirs & les droits relatifs. Dans le même tems s'en introduisit une nouvelle qui devoit en quelque sorte leur transmettre un jour la propriété arbitraire & de ces devoirs & de ces droits : je parle de l'établissement des tributs.

Vit. Sug. lib. 3. c. 2. Epist. 42 & 81.

Esp. des Loix l. 28.

Mœurs des Français.

Que la Société où fut inventé & reçu ce ce système violent & corrupteur de partager les fruits d'un champ dont on ne partage pas la culture, & de faire, de l'argent, l'ame d'une constitution, étoit déja loin de l'état de nature, & avoit prodigieusement perdu de vue le but originaire de sa réunion ! C'est ici le dernier degré de la servitude ; SUGER ne fit que l'indiquer à ses successeurs, & la France que l'entrevoir. Elle se fut révoltée pour un impôt ; elle murmura pour une taxe, & , malgré le séduisant prétexte de la croisade, s'obstina à l'appeller *rapine* & *exaction* : tant on étoit encore loin de pressentir cet état de choses où le Citoyen payeroit (65) sa dette à la patrie comme un esclave sa rançon, de manière que celui-là y vaudroit le plus qui pourroit y être rançonné davantage.

Baud. de l'adm. de Sug. p. 118.

Mœurs des Français.

Ce n'est ici que l'origine éloignée de cet abus, & , le Domaine du Prince (66) se trouvant encore distingué de celui du sujet, un des soins les plus importans de la politique devoit être qu'il parût le plus riche, pour le rendre le plus considéré & le plus fort : aussi l'Abbé de Saint-Denis s'attacha-t-il avec succès à accroître les revenus de la couronne, soit par une minutieuse rigueur à en exercer les droits, soit par une attentive

Ep. 14. 19. 20. 71. 123.

adresse à profiter du besoin des Seigneurs appauvris par la guerre sainte. Telle fut l'économie éclairée de ce sage Administrateur, qu'au même moment où Louis faisoit (67) admirer son faste & sa grandeur dans l'Asie, l'embellissement de ses Palais, les largesses de son Ministre, & néanmoins l'accroissement de ses trésors, attestoit & consolidoit sa primauté & sa puissance au milieu de son peuple.

V. Sug. lib. 3. c. 3 & 7.

Daniel, ann. 1149.

Cependant des clameurs sourdes vont semant la sédition dans son sein, & le frère (68) de Louis regarde de loin le trône à la tête des mécontens. Son nom leur étoit un titre, l'éloignement du Roi une occasion ; mais l'activité du Regent oppose un écueil à chacune de leurs mesures les mieux combinées. Il est par-tout, il excite, il promet, il menace, il conjure à son gré les foudres du Vatican, il convoque une assemblée générale, il y entraîne le conspirateur, il le convainc, le confond, lui montre tous ses complots déconcertés, & le force à rentrer en rougissant dans la poussière : c'étoit, en même-tems qu'appeler la nation, dont il s'aidoit, à l'inutile sentiment de ses pertes, lui en arracher le déchirant aveu, & lui annoncer pour les générations futures, de plus grandes révolutions encore.

Dan., Vell., Hén., Auteuil.

Vit. Sug. l. 3. c. 6.

Ep. 65. 69. 70. 72. 74. 91.

Vit. Sug. l. 3. c. 7. Dan., Vell., &c. Pour prix de tant de ſervices, il fut calomnié & noirci dans l'eſprit du Roi : diſgrace momentanée, qui n'éclata même pas, & dont l'injuſtice fut effacée par la qualification glorieuſe de PÈRE DE LA PATRIE. O nom ſi doux, il ſeroit trop rarement glorieux de t'obtenir des Maîtres du monde ! Qu'ils prodiguent à l'envi la ſubſtance & le ſang des hommes ; toi ſeul ſeras éternellement à la diſpoſition libre des peuples : tu ſeras toujours le cri reconnoiſſant de la multitude dans le bonheur & la récompenſe tardive des Trajans. Eux-mêmes, ces Dieux de la terre, tout grands & tout puiſſans qu'ils ſont, ils la careſſent, ils l'encenſent l'opinion publique ; ou, s'ils ne la reſpectent, elle venge l'Univers, elle les mépriſe, elle les brave eux & leurs favoris. Eh ! que leur importe ? Ils ſont payés, puiſqu'ils règnent.

En effet, quel impoſant objet frappe mes regards ? Un vieillard s'avance, ſon corps eſt courbé, & ſa tête eſt blanchie par le travail & les années ; ſes yeux pétillent du feu du génie ; je ne ſais quel ſentiment d'un reſpect craintif, ſa préſence exhale autour de lui ; à ſon approche, ſon Souverain deſcend du trône, lui tend les bras, & lui dit : *commande à ton Roi comme à ſes*

V. Sug. l. 1. c. 8 & 9. l. 2. c. 6. l. 3. c. 7. — Ep. 148.

ſes Sujets ; tous ces guerriers préſomptueux que je voyois n'a guères ne ſe remettre de leurs intérêts que ſur leurs armes, dépoſent humble- *Ep.* 36. 98.
ment leurs boucliers à ſes pieds & l'invoquent ; 139. 140. 141. 143.
la multitude ſe proſterne ſur ſon paſſage ; ſes 144. 145. 147.
amis ſont de redoutables Potentats, & il règle leurs querelles ; ſon nom plane ſur toute l'Eu- *Auteuil, V. de Sug. ann.* 1152. *Félib.*
rope, & y reçoit des tributs (69) d'admiration & des hommages : eſt-ce quelque Dieu libérateur ? C'eſt SUGER, c'eſt le ſpectacle brillant de ſon crédit & de ſa gloire à la fin de ſa carrière.

A travers tout ce cortége & cette pompe, l'homme pourtant ſe découvre encore : ce né- *Ep.* 150.
gociateur qui retient deux armées prêtes à s'en- 153.
tre-déchirer & à ravager nos campagnes, il eſt toujours ce Moine politique, avide & ardent à défendre ſes avantages particuliers des apparences de l'utilité publique : il ramène (70) habilement deux Princes ennemis à la paix, parce que la guerre dévaſteroit ſes domaines.

Je ne le montrerai plus pourſuivant la licence juſques ſous l'ombre du Sanctuaire, & déployant *Ep.* 166.
à réduire (71) l'Abbaye de Compiègne plutôt 168. 169. 170. 171.
'' l 'former, cette même vigueur d'ame & 172. 173. 174.
cette fécon té de moyens qui s'étoit déjà ſoumiſe, peut-ê e avec moins de peine, toute la

France, mais je le montrerai concevant le plus hardi projet, & le plus grand qui fut jamais; *Vit. Sug. l. 2. c. 5. l. 3. c. 8.* recueillant en lui-même tout le ſentiment de ſa Nation; verſant des larmes de rage ſur ce reſte d'armées, qui a rapporté le déshonneur de la *Ep. 132. 133. 134.* Paleſtine, ſans y avoir trouvé la mort; réchauffant à cette image ſes eſprits à demi-glacés par le froid de l'âge; s'abreuvant encore une fois, en dépit de ſes principes, de ces préjugés fiers & délicats qu'il reçut avec le lait & la patrie, & que ſes efforts y ont amollis; entreprenant, en un mot, de punir ſeul l'Orient du droit que nous lui avons donné de nous mépriſer.

Ce ne fut point ici la chimère inſtantanée d'une imagination en délire. Déjà des profuſions faites à propos, vont lui préparer dans Jéruſalem les eſprits & les reſſources; déjà des *Vit. Sug. l. 3. c. 8 & ſeqq.* nuées de Soldats s'empreſſent autour de ſes drapeaux; en calculant ſes ſuccès ſur l'étendue de ſes richeſſes, il ſent une fois le prix de trente ans d'opulence & de ſobriété; il ſe forme, non, comme les premiers croiſés, un plan aveugle de conquêtes, mais un plan profond de conduite ſur le tableau même de leurs fautes. Inutiles apprêts! ce dernier coup manquoit à ſa gloire: la mort le ſurprend à la plus belle époque de sa vie ; il expire, la Patrie & l'héroïsme dans le cœur. Les pleurs de son Roi & la marche plus lente, plus incertaine, plus forcée du Gouvernement, firent & caractérisèrent son éloge.

De excessu Sug. ep. apud Duch. t. 4.

V. Sug. l. 1. c. 5.

Pour moi, reculant loin de mon Siècle, je me suis supposé nourri dans les forêts de la Germanie & des Belges, cultivant les seules lumières de la raison, & ne connoissant encore que les avantages de la vérité ; j'ai suivi ensuite d'un œil exact tous les mouvemens de SUGER, & j'ai osé le juger & le peindre. Tel est donc le tableau de l'ambitieux dans la prospérité ; celui du Sage est moins tumultueux & moins éclatant : il soutient & relève quelquefois l'État parmi les secousses orageuses & salutaires de la liberté, il le sert & l'aime sous la température paisible & douce des Monarchies, il le fuit ou l'oublie quand il est tyrannisé & abruti par le despotisme ; jamais il ne le change & ne le trouble, parce qu'il sait faire par-tout le bien, se remparer par-tout de sa conscience & être par-tout heureux.

FIN.

AVERTISSEMENT.

Les Notes se sont si fort multipliées sous ma plume, que j'en ai honte : l'inconvénient étoit inévitable dans un Discours très-général sur des tems très-éloignés. Celles qui appartiennent à la Dédicace, étoient moins nécessaires, mais seront en revanche & plus agréables, & plus utile à ma Province. Je n'en demande pas davantage.

NOTES.

DÉDICACE.

(1) [*La ſimplicité de ces grandes ames ſur celle de leurs loix*,] Rien de plus intéreſſant que ces reſtes de notre ancienne Légiſlation, enfouis dans le ſavant recueil de *Marca*. Je ne m'étonne point que *Cujas* préférât les loix de Béarn à celles de la Grèce. Je croyois converſer avec l'élite des Germains, lorſque je parcourois ces beaux monumens. Quelle exactitude, quelle préciſion, quelle clarté dans la ſtipulation des engagemens reſpectifs du *Seigneur*, (c'eſt le nom qu'ils lui donnent) & des Sujets ! Ils établiſſent, à chaque page & avec ſoin, l'autorité & les fonctions de LA COUR MAJOUR, c'eſt-à-dire, du Sénat national, du Magiſtrat ſuprême : ſeul il jugera en dernier reſſort de la LIBERTÉ & de la PROPRIÉTÉ, *Art.* 16, *du For général*, qui ſont toutes deux ſacrées ; l'une conſtitue l'état naturel de l'homme, l'autre ſon état civil ; d'où réſulte encore, que, ſi le Citoyen enfreint quelques-unes des clauſes du Traité tacite, qu'il faut ſuppoſer entre lui & la Cité, celle-ci n'aura de recours que ſur cette propriété, parce qu'elle ſeule eſt le garant unique du pacte, comme elle en eſt l'objet réel. Ce principe, qui ſera contredit, me paroît avoir été évident pour nos pères : il l'ont toujours reſpecté. Les peines infligées par leurs loix, ſont la plûpart pécu-

Marc. hiſt. de B., liv. 5. c. 3.

Cette idée tient à une longue chaîne d'autres qui ont beſoin de mûrir long-tems.

Hist. de B. L. 5. c. 1. niaires. L'Homicide même étoit simplement puni d'une amende & de bannissement perpétuel. *For d'Orthés*, *art.* 31. Si le coupable refusoit de payer l'amende, on l'enterroit vif sous le cadavre de celui qu'il avoit assassiné : ce qui étoit juste, car on n'ôtoit pas alors la vie à un Citoyen, mais à un ennemi public. Quant au genre du supplice, je répéterai ici ce beau passage de l'*Esprit des Loix* : « Ces hommes guerriers & libres estimoient que leur sang ne devoit être versé que les » armes à la main ». Si le Criminel s'opiniâtroit, malgré la Sentence, à habiter la Cité, nouvelle amende ; le lendemain, nouvelle amende encore, & de même jusqu'à ce qu'il disparut. *Ibid.* S'il restoit dans l'étendue des Provinces soumises au Seigneur, les parens du mort pouvoient légitimement le tuer. *Ibid*, *art.* 32.

Qu'on me passe cette digression. Revenons à *la Cour majour*, & montrons-la médiatrice entre les Membres & le Chef de l'État. *Hist. de B. l. 5. c. 3.* L'article onzième du *For* général porte, qu'elle défendra ceux-là contre les entreprises de celui-ci ; &, remarque l'ancien Glossateur, si lui refuse d'acquiescer à son jugement, eux ne seront plus tenus de rien envers sa personne, que le Plaignant ne soit indemnisé. Aussi, *art. premier du même For*, la *Ibid.* Nation ne juroit-elle de reconnoître son Seigneur, que par décision de ce Tribunal ; & dans son serment, le Seigneur se soumettoit expressément à ses décrets. PERSONNE, *Ibid. l. 5. c. 1.* lit-on dans le *For d'Orthés*, NE DOIT, CONTRE SON PROPRE GRÉ, NI ARGENT, NI TRAVAIL A SON SEIGNEUR, *art.* 22. SI LE SEIGNEUR ACCUSE SON SUJET, IL AFFIRMERA DE SA PROPRE MAIN, A DÉFAUT DE TÉMOIN, *art.* 23. &c. &c.

Ce Peuple si précautionné, je serois tenté de dire si

minutieux, dans la ſtipulation des droits du Citoyen, ſemble ſe repoſer ſur le Citoyen même du ſoin de ſes mœurs. Le peu d'inſtitutions morales que nous trouvons dans ces Siècles reculés, reſpire une ſimplicité qui enchante. SI QUELQU'UN DIT D'UN AUTRE QU'IL MENT... IL PAYERA SIX SOLS AU FISC, *art. 4 du For d'Orthés*. Ailleurs Marca nous fait obſerver que, violer ſa foi, étoit parmi eux un crime capital. SI QUELQU'UN, MARI OU FEMME, EST SURPRIS EN ADULTÈRE AVEC UNE PERSONNE QUELCONQUE, L'UN ET L'AUTRE SERONT PROMENÉS, NUDS PAR LA VILLE, *ibid. art.* 26. Les beaux devoirs de l'hoſpitalité, ſi connus des anciens Peuples, l'étoient auſſi de nos Ancêtres : le trente-ſeptième article du même *For* en eſt une preuve inconteſtable. Pour ſpectacles, ils avoient les TOURNOIS ; ces exercices paroiſſent même avoir été dans leurs Villes des établiſſemens publics. Les vaincus payoient une amende au Fiſc ; la vie du vainqueur étoit au contraire, durant ce jour de triomphe, à la charge de l'État, non comme pour ſalaire, mais parce que l'homme courageux eſt l'homme de la Patrie.

Ibid.

Ibid. l. 5. c. 14.

La traduction de cet Article eſt un peu obſcure, parce que le Texte l'eſt auſſi.

Ibid. l. 5. c. 1.

Ibid c. 13.

Que ces grands Légiſlateurs aillent enſuite ſe chercher, dans les langes, un Chef, dont l'ame s'épanouiſſant, pour ainſi dire, entre leurs bras, reſpire dès le premier ſoufle, l'air du patriotiſme & des vertus nationales ; je continue à admirer leur profonde ſageſſe : mais que de deux enfans au berceau, ils préfèrent celui qui a *la main ouverte*, parce que, diſent-ils, ils voient en elle l'image de ſon cœur : il ſera franc, généreux, humain, &c ; je reſte confondu en penſant à la candeur de ces ames ſublimes..... Je goûte tant de plaiſir à parler d'elles, que je m'oublie dans le récit de ces

Ibid. l. 6. c. 6.

Olhag. règ. de Roger, 9me. Comte de Fe.

particularités. Je ne m'étendrai cependant plus désormais sur les autres traits historiques, auxquels j'ai fait quelqu'allusion. J'ai eu soin de citer mes autorités, & je ne pourrois que rappeller à nos Béarnais, ce que tous savent; car, assez justement indifférents en général sur la plûpart des connoissances humaines, parce qu'il ne nous arrive guères de sentir de besoin factice de bonheur, nous dévorons pourtant avec avidité tout ce qui a quelque rapport aux Annales de notre pays, & cela seul feroit notre éloge & le sien. Des compilations sans style, sans goût, sans méthode, ne nous rebutent point: on diroit que le titre seul est, pour nos Histoires, une suffisante recommandation, & leur donne un mérite qui les dispense des autres.

(2) [*Vos propres loix,*] Je reviens encore sur ces loix. Leur origine se perd daus la nuit des tems. *Olhagaray* voudroit la faire remonter jusqu'à l'an 760. *Loco citato.* Quand même on récuseroit le témoignage d'un Écrivain trop souvent entraîné par une imagination fougueuse, il faudroit toujours convenir avec *Marca* qu'elles existoient avant l'année 1080. *Hist. de B. l. 5. c. 3.* L'Histoire de leurs différentes variations seroit tout ensemble, celle de notre droit public & celle de nos mœurs; elle exigeroit des recherches immenses & fort difficiles. (*)

On y distingueroit trois grandes Époques. Après avoir jeté, dans un Discours préliminaire, quelques vues, qui pourroient être fort intéressantes, sur les ténèbres des premiers tems, il seroit aisé de fixer par les monu-

(*) *Les Citations se seroient trop accumulées, si j'eusse continué à en charger cette Note, on voit qu'elle embrasse toute l'Histoire du Béarn.*

mens le commencement de la première époque, & ce feroit auſſi celui du neuvième ſiècle de notre ère.

A ce moment, le droit du Peuple conſiſteroit en ſa valeur & en ſa fierté. Par elles, s'établiroit d'abord l'indépendance des Généraux; car dans la confuſion des choſes & dans le tumulte des armes, la Nation ne diſtingueroit pas encore ſa perſonne, ſi je puis m'exprimer ainſi, d'avec celle d'un Chef, en qui elle flatteroit avec complaiſance ſes propres paſſions & ſes goûts. Bientôt néanmoins, l'accroiſſement & les abus mettroient le pouvoir en évidence. Les mêmes ſuccès dont il ſe feroit nourri, auroient auſſi donné à la multitude la conſcience de ſa force & l'amour de la liberté. Elle ſecoueroit alors le joug avec d'autant plus de violence, qu'elle ſe ſentiroit moins faite pour le porter, & plus capable de le rompre. Ici le Seigneur prendroit, s'il le pouvoit, le ſeul parti raiſonnable : il capituleroit, & l'on verroit naître ſucceſſivement les *Fors* particuliers & enfin le *For* général.

Peut-être ces *Fors* furent-ils plus ſimplement les récompenſes des ſervices rendus par les Villes aux Seigneurs. Cette conjecture, qui me paroît conciliable avec les faits, n'a cependant pas autant de vraiſemblance que la première. Pour ne rien dire de plus, il eſt difficile de ſe perſuader que des hommes, élevés dans la licence de la domination, ayent jamais ſongé à ſe donner volontairement les entraves étroites de nos loix primitives. Au reſte, quelle de ces deux hypothèſes qu'on choiſiſſe, elle conduira à la ſeconde époque, c'eſt-à-dire, au milieu du douzième ſiècle. Les limites qui la ſéparent de la première ſont tranchantes & marquées par des cataſtrophes mémorables. Nos pères semblent avoir dit : « voilà notre autorité clairement établie par le *droit*, il faut qu'elle soit encore » légitimée par le *fait* », & elle le fut. Mais la liberté qui en s'élevant, pour ainsi dire, pas-à-pas dans notre horizon, a laissé gravées sur ses traces ses plus belles loix, va désormais décliner insensiblement, & les mœurs avec elle. Cette révolution étoit inévitable. Il sera facile d'en suivre les progrès. On fera voir par quelle adresse le Seigneur, après avoir sondé brusquement de loin le cœur de la Nation, lui fascina les yeux, au point de lui persuader, que confier pour jamais le soin de ses droits au caprice suprême de douze Magistrats héréditaires & dévoués au Trône par état, c'étoit uniquement établir la police dans ses assemblées ; on remarquera que les réclamations, se multipliant aussi-tôt avec les abus, perdirent en même proportion de leur poids, que la puissance intérieure de nos Souverains s'agrandit avec le terrain de leur empire, qu'ils disposèrent du dépôt de la Couronne, presque comme de la possession d'un héritage, & qu'enfin, dans cette seconde période, le recueil simple de leurs *Vies* nous donneroit en quelque sorte *l'Histoire* de leur Peuple ; on montrera comment les plus magnifiques droits se changèrent en de belles formalités ; comment à mesure que *le droit public*, qui amène les mœurs, se dissolvoit, *le droit privé*, qui les repousse, forgeoit, selon le besoin & sans combinaison, ses mille glaives ; comment alors il arriva, qu'il fallut avoir long-tems fouillé dans la poudre des archives, pour savoir si ce qui est juste, est juste, & qu'on eut besoin d'un Interprète pour dire au Juge : *Ceci m'appartient ;* comment enfin ce Sénat national, qui fut le soutien & le mobile de la machine politique dans le vieux gouvernement, devint, dénaturé comme il étoit, un embarras & une cause de désordre dans le nouveau. Le moment de sa destruction sera le dernier point de la seconde époque.

Dans ces conjonctures critiques, paroîtra, pour le bonheur public, un Roi sage, modéré & bienfaisant. Il donnera de l'ordre & de l'authenticité à celles de nos loix morales, qui ne sont pas tout-à-fait inconciliables avec nos usages présents, & à celles de nos loix constitutionnelles qui sont compatibles avec la complexion civile du Gouvernement actuel. Il établira un *Conseil* de Justice; il en ordonnera avec tant de sagesse la discipline; il déterminera avec tant d'attention, de cohérence, de profondeur, de détail, la nature, l'étendue & les bornes de ses devoirs, que par l'exécution de cette loi seule, nous puissions, s'il le faut, nous passer d'en avoir jamais d'autres: car, qu'est-il besoin de loix écrites, où réside l'équité vivante?

Si à la place de Henri deux Jean son prédécesseur eut rédigé & étendu nos nouvelles Loix, je ne sais si elles ne seroient pas toutes différentes.

Les affaires s'étoient compliquées en même tems que les mœurs; il étoit devenu nécessaire de rétrécir insensiblement l'empire arbitraire du citoyen dans ses rapports avec ses semblables. De-là naquit ce qu'on nomme *la procédure*: branche essentielle & difficile de la Législation, qui dût pousser confusément & comme par succession, sur les ruines de nos anciennes mœurs; elle en aura pris une certaine teinte, & il suffira d'en réunir & d'en adapter les différentes parties pour en faire un vrai modèle, qui nous soit envié des autres Peuples.

Dans ce nouvel état, nous ne serons plus de fiers Républicains, mais nous ne serons pas de vils esclaves; nous ne tirerons plus le timon de la chose publique, mais nous le tiendrons ; nous n'aurons plus enfin de droits effectifs, mais il nous restera des priviléges avoués ; & sans avoir les vertus de nos pères, nous n'aurons pas les vices de nos neveux. Comparant alors le passé avec le présent, nous tremblerons pour l'avenir, & nous raisonnerons ainsi : « Tant que le pouvoir du Prince & celui de la Nation furent contre-» balancés avec justesse, il importoit à celle-ci de s'isoler, » parce que, même son propre pouvoir s'étendant au » dehors, son état n'en devenoit pas meilleur au-de-» dans : elle perdoit au contraire beaucoup à ce que » ses droits bien précis pussent moins difficilement être » mêlés & confondus, avec ceux de qui que ce soit. » Tout est changé : sa position est aujourd'hui telle, » que manquant de forces suffisantes pour défendre le » peu qu'elle conserve de ces droits, il lui est avan-» tageux, non plus comme autrefois de les isoler, mais » de les cacher. D'ailleurs, si-tôt que dans un État » dont les limites sont resserrées, il y a un Maître, il » y a aussi un Tyran, parce que les bornes des pas-» sions de l'un, passent trop aisément les bornes des » facultés de l'autre. Usons donc, & de ce qui nous » reste de crédit, & de ce que nous avons acquis de » politique, pour faire que nous soyons unis par l'in-» térêt au grand Royaume, auquel nous sommes unis » par la Nature ; c'est le moyen de nous conserver » encore assez libres pour être toujours heureux ». La chose arrivera de même.

Cependant le fanatisme, qui égorge pour égorger, se glissant sur ces entrefaites dans des cœurs mal remplis de l'amour de la patrie, l'État éprouvera des convulsions terribles, qui rendront aux esprits une certaine énergie, mais qui ne produiront pas de grande révolution : la raison en est sensible, & je l'ai dite.

A cette frénésie succéderont des passions plus douces & peut-être plus dangereuses. Nos priviléges seront à la fin menacés, & ce sera nôtre faute.

Il seroit très-curieux de suivre dans cette troisième époque, je ne ne dis point les *changemens*, mais les *altérations*, que, soit la pente naturelle des choses, soit l'influence des mœurs, (car il faudroit bien distinguer,) n'ont cessé de causer jusques à nos jours dans notre troisième genre de gouvernement : il en résulteroit des réflexions consolantes & des conséquences utiles.

(3) [*Les places propres à exciter l'ambition y sont rares*,] Je ne connois de ce genre que celles de nos Syndics généraux, dont les pouvoirs furent néanmoins, dès le principe, tellement subordonnés, qu'elles devinssent difficilement dangereuses. De ce que les Syndics étoient deux, résultoit plus d'émulation dans le devoir, plus de lumières dans les conseils, plus de sagesse dans les démarches & sur-tout plus de sûreté pour le dépôt de nos droits ; quant à la distinction de Syndic de *robe* & de Syndic d'*épée*, on devineroit, si on ne le savoit pas, qu'elle n'est point extrêmement ancienne. L'élection dût se faire d'abord par scrutin, voie l meilleure de toutes, quand on est sous les yeux d'un Maître, & peut-être la plus mauvaise dans un Gouvernement corrompu, où il est au reste impossible d'en établir une bonne. J'oserois assurer que la durée primitive de ces commissions ne fut pas longue : elles n'alléchoient ni l'ambition par le crédit, ni l'avidité par

le lucre (*). Supposons un moment tout le contraire, & plaçons ensuite tour-à-tour l'homme ambitieux & l'homme avide dans ce poste : qu'arrivera-t'il ? 1°. L'un & l'autre voudront s'y tenir, cela est évident. 2°. A la fin ils s'y tiendront, cela est assez probable ; car toutes les fois que l'intérêt général doit résister sans cesse à un intérêt particulier, il cède tôt ou tard. 3°. Alors le premier pour étendre ses avantages, compromettra nos droits au-dehors, & les éludera au-dedans ; ce qui seroit un grand mal. 4°. Et le second, justement tranquille sur ses intérêts, négligera les nôtres ; ce qui seroit un mal beaucoup plus funeste encore, & contre lequel il n'y auroit, à mon gré, qu'un seul remède : il faudroit dans ce cas un Citoyen éclairé, qui, tout à la fois prudent & actif, se ressaisit peu-à-peu & dans le silence de nos priviléges tombans. Je ne conçois que cette circonstance, où il pût être salutaire, non de ne pas déterminer, mais de reculer le terme de la commission. Hors de là, mieux nous vaudroit, ce me semble, une succession de Syndics à-tems & d'un esprit médiocre, (deux choses qui ne vont point du tout nécessairement ensemble) qu'un Syndic à vie & d'un génie transcendant.

Je ne saurois fixer le moment de l'institution de ces deux places. Je crois qu'il se trouveroit dans l'intervalle, peut-être même vers la fin de ma seconde époque. Nous n'avons pas de plus bel établissement. La COUR MAJOUR défigurée en COUR DES BARONS, devoit souvent trahir nos droits, tantôt par adulation, tantôt

(*) *Les gages, sous le règne de Henri II, Roi de Navarre, étoient de quarante écus de trente sols chacun : s'ils eussent suivi la progression numéraire des espèces, ils seroient tout-à-l'heure d'environ dix louis.*

par foibleſſe ; le CONSEIL SOUVERAIN, qui étoit réellement le Conſeil du Prince, devoit les éluder plus ſouvent encore, par la nature même de ſa conſtitution. Les aſſemblées générales n'exiſtant que par momens, les réclamations légitimes & combinées n'avoient point de ſuite. Ces aſſemblées donc, pour perpétuer leur exiſtence & l'action réſiſtante de leurs forces, ſe donnèrent deux repréſentans : ils ſeront revêtus de toute l'autorité du corps national, ſoit pour éclairer les mouvemens, ſoit pour détruire les efforts ennemis ; ils donneront vie à nos délibérations ; ils protégeront le foible contre l'oppreſſeur ; ils viſiteront enfin chaque année les différentes parties de la Province, afin que les abus & les vices, étant partout ſurpris à leur naiſſance, puiſſent incontinent être étouffés, & auſſi, afin que le Citoyen ſe connoiſſe une Patrie qui veille à ſa garde & qui mérite ſa reconnoiſſance & ſon amour.... Tels ſont les ſuperbes attributs de nos Syndics.

(4) [*Auſſi différent par ſon état domeſtique que, &c.*] J'ai vu dans les Provinces étrangères beaucoup de très-puiſſants Propriétaires, conſéquemment une infinité de Fermiers ſans vertu, & encore plus de miſérables foulés. Les poſſeſſions bornées, c'eſt-à-dire, celles qui annoncent l'aiſance générale, qui favoriſent les mœurs publiques, qui multipliées, font de nos Béarnais, un peuple gai & laborieux, elles ſont rares ; elles doivent l'être par-tout, où un grand commerce rompt l'équilibre des fortunes, où la loi diſproportionnée du fief, facilite encore trop la violence du Seigneur contre l'homme-lige, où enfin l'impôt eſt exorbitant & mal réparti.

Notre règle des ſucceſſions qui enrichit un aîné robuſte aux dépens de ſon frère débile, me ſemble, quoiqu'on en dise, désavouée *maintenant* par la bonne politique, & l'est très-sûrement par la nature. Comme Sparte nous refusons à nos jeunes Citoyens le nécessaire : elle en vouloit former d'adroits Soldats, nous d'*habiles Avanturiers ;* Lacédémone resta conquérante de la Grèce, le petit nombre de nos Cadets heureux, ne nous rapportent qu'une féconde source d'abus avec beaucoup de vices, & précisément ce même danger étoit prévenu par une loi expresse de Licurgue. Je n'ai considéré la nôtre que dans ses rapports, avec la partie la moins intéressante & la moins étendue de la société; mais envisager attentivement ses effets sur les différens ordres de la république & spécialement sur le dernier & le plus nombreux de tous, la suivre amenant peut-être sourdement & par des causes éloignées, la perte de nos priviléges, chercher dans l'esprit des rédacteurs, ou plus loin encore, la cause de l'erreur, &c. seroit un travail utile & beaucoup au-dessus de mon âge, de mes connoissances & de mes forces.

Je crois néanmoins y avoir assez réfléchi pour oser douter si ceux de nos Jurisconsultes qui ont commenté ce point de nos coutumes, n'ont pas prêté de fausses intentions à nos Législateurs, en leur supposant, sans s'en appercevoir, leurs propres relations, leurs lumières & leurs préjugés. Pour hasarder une conjecture à ce sujet, je serois tenté de dire, que chez une Nation guerrière, (telle étoit la nôtre, comme il est aisé de le prouver,) où il faut des Soldats, mais où il faut aussi des Laboureurs, la loi étoit sage d'attacher l'aîné par la propriété à la culture de ses terres, & d'appeler les cadets par le besoin du travail, même de la subsistance, aux conquêtes & à la gloire des armées. On expliquera ensuite

ſuite bien moins difficilement les rapports de cette loi avec le ſexe : où le peuple eſt vertueux, les femmes ſont toujours riches.

Mais reprenons le principal objet de ma note : on a vu que les grandes & ſubites révolutions dans le bien-être des particuliers ſont, ſinon inconnues, du moins tout-à-fait étrangères à notre ſol.

Quant à la puiſſance féodale, elle y fut toujours aſſez ſagement combinée, je doute même que ce ſoit ici la vraie féodalité : je n'y retrouve le caractère, ni du vrai *fief ſimple*, ni du vrai *fief-lige*. Je vois par-tout le droit ſur la choſe ; celui ſur la perſonne me paroît tellement tempéré & tellement circonſcrit dès l'origine, que je ne ſais, ſi, alors même, il ne fut point établi, plutôt comme un moyen de protection, que comme un moyen de pouvoir. A vue d'œil, l'Hiſtoire de cette partie du droit public ſeroit pour le Béarn toute différente de ce qu'elle eſt communément pour la France.

En général, quiconque poſſède un fief entre aux États, & quiconque entre aux États en vertu du fief, eſt réputé noble : ce préjugé & cet uſage, quoique fondés ſur de très-anciens principes, ſemblent inſenſés : ils ſont très-raiſonnables & très-utiles. C'eſt ſuppoſer que là ſe trouve l'élévation des ſentimens qui conſtitue la vraie nobleſſe, où rien ne l'étouffe & où tout la fomente ; c'eſt identifier dans chaque Citoyen l'amour de ſon pays, avec l'amour de ſa terre ; c'eſt connoître le cœur humain. On concevra ſans peine de quelle manière, par une ſuite de cette conſtitution, le Seigneur peut toujours & doit ſouvent, en même tems qu'il ſoutient ſon propre intérêt, ſoutenir celui de ſon *ſoumis*, ſelon la juſte expreſſion du For, ſans guères jamais le combattre. La Cité libre, nomme ses Députés à l'assemblée de la Nation; le Seigneur est le Député-né de celle qui ne l'est pas.

Non-seulement l'impôt n'est établi que de notre consentement, mais nous en faisons la répartition, & la levée n'en est ni fort compliquée, ni fort onéreuse. Je ne prétens pas qu'elle ne puisse l'être moins, je ne prétens pas non plus que le crédit n'ait chez nous nulle influence, ni la ruse nulle ressource, je dis simplement que cette partie de notre constitution nous donne des avantages frappans sur la plûpart de nos autres Provinces, & que si elle ne prévient pas tous les abus, c'est principalement ici le cas de s'écrier :

Quid leges sine moribus,
Vanæ proficiunt? Hor.

Je me plais à penser combien il est glorieux pour les PAYS D'ÉTATS d'avoir fourni à un Ministre patriote & profond, un modèle de *Système économique*, qui lui méritera l'honorable titre de Restaurateur, & des Finances & de la Félicité publique, dans ce Royaume. Cependant ces belles institutions doivent nous rendre de plus en plus chère notre Patrie : elles nous sont une preuve que la forme totale de notre Gouvernement est tellement privilégiée, qu'on peut se l'être donnée, mais qu'il n'est guères probable qu'on la reçoive. Et fut-elle transportée toute entière dans le reste de la France, elle auroit toujours de plus dans notre Béarn, le sceau sacré du tems, &, s'il m'est permis de parler ainsi, l'habitude naturelle du climat.

NOTES.

DISCOURS.

(5) [*Il ne nous est parvenu de* SUGER *que lui-même.*] On dispute s'il naquit en 1081, ou en 1082; on doute si à Saint-Denis, à Saint-Omer, à Toury? Dupin lui donne une naissance illustre, & est démenti par SUGER lui-même. Un nommé *Elimand* le consacra au cloître : qu'étoit cet Elimand?

Moréri Ladvocat.
Hén. an. 1091.
Gervaise l. 1.
Sug. const. 1. ejusd. testam.
Vit. Lud Gr.

(6) [*Mais ses actions & ses propres écrits.*] Nous comptons, parmi les Ouvrages qui nous restent de lui, une vie de *Louis-le-Gros*. Je ne parlerai pas du style: pour rendre au goût de l'Ecrivain la gloire qui lui est due, il suffit de dire, qu'*il n'oublia jamais ses Poëtes, & qu'il récitoit quelquefois des tirades de vingt & de trente Vers d'Horace;* & pour donner une juste idée de son zèle pour les Sciences, c'est assez d'indiquer ce passage d'un de ses Livres, où parlant de l'établissement qu'il fonda dans un endroit appellé *les Champs*, il se vante d'y avoir donné aux Moines une Bibliothèque fort *HONNÊTE;* car, dit-il, *elle étoit composée de trois Volumes.* Heureusement que L'HONNÊTE de la cave s'apprécie là-même sur d'autres calculs.

V. S. l. 1. c. 4.
De adm. n. 2.

Le Gendre avance très-sérieusement que, sous Louis VII, on parloit aussi bien latin à Paris, que sous les Antonins à Rome; à coup sûr, le Gendre avoit plus lu nos vieilles Chroniques, que les écrits des Aulugelles ou des Apulées.

Mœurs des Français.

Quoiqu'il en soit, si les hommes d'État ne sont pas bavards, ils ont leurs bonnes raisons, & SUGER racontant des événemens qu'on peut dire ceux de son ministère, aura eu de la peine à ne pas laisser échapper le secret de son cœur; au pis aller, ce secret doit être écrit sur l'ensemble de sa vie, & sinon, qu'on m'explique donc ce que c'est, qu'un genre de vertu ou de vice, qui n'influe en rien sur nos conduites. Ceci vient à l'appui de ce qu'on a lu pag. 37 de ma Préface.

(7) [*On ne trouvoit déjà plus dans nos Cloîtres.*] Ce relâchement de la Discipline Monastique est attesté par le témoignage unanime des Historiens. Sans compter les Lettres de Saint Bernard, la Chronique de Morigni, l'Histoire Ecclésiastique, les Canons des Conciles, &c, Rich. de Wassebourg, Écrivain très-curieux & très-exact, du XVIe. Siècle, dit : « En cette Règle de » Saint Benoît, ne se trouvoit (au commencement » du XIIe. Siècle,) qu'orgueil, richesses, avarice, » pompes mondaines, inobédience monastique & mille » autres dissolutions ». Quelle différence de ce Tableau, à celui que nous a donné Fleuri des premiers Moines ! « Toute leur étude étoit la Morale ; c'est-à-dire la prati- » que des Vertus; sans disputer, sans presque parler, » sans mépriser personne. . . . Ils devoient leur nouriture » au travail. Ils recevoient l'aumône, & ne la deman- » doient pas ». Néanmoins je n'aimerois pas ces établissemens : ils me paroissent hors de la Nature. J'en dirois autant des Sectes tant célébrées d'Athènes. Vantera qui voudra les sublimes égaremens des Anaxagores & des Épicures, ou le cinisme orgueilleux des Diogènes & des Cratès ; pour moi, la simplicité des premiers Solitaires de la Thébaïde, m'attache & m'enchante.

Antiq. de la Gaul. Belg.

Hist. Eccl. prem. Disc. †. 8.

Voy. aussi liv. 14. †. 3.

(8) [*Vient maintenant immoler le rebut des Familles.*] *Hist. Eccl. de Fl. l. 63.* Ulric, Moine de Cluni, dans le XIe. Siècle, se plaint de ce que les pères surchargés d'enfans, les mèttoient dans les Monastères, sur-tout s'ils étoient manchots, boiteux ou incommodés. Cet usage étoit autorisé par la LIXe. Règle *Ibid. l. 32.* de Saint Benoît. Le père offroit son enfant à Dieu dans l'Église du Monastère, enveloppé tout entier, ou le bras seulement, dans la nappe de l'Autel. Dès ce moment, *Mézerai règ. de Phil. I.* l'enfant étoit irrévocablement attaché au Monastère. Clément III & Calixte III rendirent à la Nature ses droits, & depuis ce moment, on se contenta de les éluder.

(9) [*Les Ecoles devinrent.*] C'est ici à peu près l'époque de la renaissance de la Dialectique & des Écoles. Bérenger & Lanfranc disputoient sur l'Eucharistie, vers le milieu du onzième Siècle. Quelques années après, Roscelin & son disciple Abailard subtilisèrent sur le Mystère de la Trinité; Champeaux défendoit bruyamment, vers le même tems, son Universel *a parte rei*, & enfin le Maître des Sentences (Lombard) ne tarda pas à publier ce Livre si méthodique, si utile, si clair, qu'il n'a été commenté que par deux cens quarante-quatre Docteurs.

(10) [*SUGER obtint l'un sur les bancs.*] C'est de lui-même que nous savons qu'il fut envoyé au Concile de *Vit. Lud. Gr. c. 9.* Poitiers, *parce qu'il étoit nouveau venu des Écoles.* Ce Concile fut tenu en 1106, par Brunon, Légat du Saint Siége. On y traita du voyage d'Outre-Mer, &c. SUGER avoit déjà accompagné en 1104, l'Abbé de *Gerv. l.* [illegible] Saint Denis Adam, au Concile de Paris, qui fut assemblé pour absoudre le Roi Philippe, du crime de concubinage avec Bertrade. Le jeune Moine assista encore au Concile de Troyes en 1107. Paschal II y prési-

doit : ſon intention étoit d'y ſoulever les eſprits, & de s'y appuyer du Concours de l'Égliſe contre l'Empereur, dans cette querelle des inveſtitures, dont il ſera queſtion plus bas. « Une députation compoſée de ce
Vit. Lud. Gr. loco citat. » qu'il y avoit de perſonnages les plus illuſtres à la » Cour, étoit allée juſques à la Charité, au-devant du » Souverain Pontife, qui arrivoit en France : SUGER » s'y trouvoit auſſi; Galon, Évêque de Paris, ayant fait » pluſieurs plaintes de l'Égliſe de Saint Denis, il s'éleva » fortement contre ce Prélat, & le confondit, ſoit » par la vigueur de raiſonnemens, ſoit par la cano- » nicité des titres. » Galon, prétendoit au rapport de
H. de S. l. 1. Gervaiſe, s'arroger quelque inſpection ſur le Monaſtère, & faire abolir certains de ſes priviléges comme uſurpés.

Non-ſeulement SUGER conduiſoit, pour ainſi dire, & ſon Supérieur & ſon Couvent ; mais il étoit encore
Vit. Lud. Gr c. 8. admis aux entretiens les plus ſecrets de Philippe & de ſon fils ; il ſuivoit ſon Abbé au Conſeil, & ſes avis
Gerv. h. de F. l. 1. Vit. S. l. 1. y prévaloient ; il étoit chéri des Grands ; il ne ſe paſſoit rien d'important ſans ſa participation.... C'étoit pourtant un ſimple Moine, & ce Moine n'avoit pas trente ans.

(11) [*Cependant le Gouvernement féodal.*] Les Gau-
Tac. d- M. G. 15. 25. lois, pis qu'eſclaves ſous les Romains, devinrent Serfs par droit de conquête, ſous les Francs, naturellement
Hén., Monteſq., Velli, Mézer., Dan., Le Gend. portés à l'oiſiveté, quand ils n'étoient pas occupés à la guerre, & qui pour cela même faiſoient de leurs eſclaves leurs Fermiers ou plutôt leurs hommes-liges. D'ailleurs, avec une ſemblable indolence, on conçoit aiſément qu'ils durent laiſſer une grand partie des terres conquiſes dans les Gaules à la diſpoſition

des Chefs : car le gros de la Nation cherchoit moins, dans les invasions & les combats, des conquêtes, que des victoires. Cependant ces conquêtes elles-mêmes souvent répétées, l'inaction durant la paix & l'exemple du petit nombre, firent insensiblement germer parmi tous ces Sauvages la passion de l'intérêt. Ils commencèrent dès-lors à briguer les charges, les bénéfices & la faveur ; leurs Rois en agirent avec eux, comme eux-mêmes en avoient agi avec leurs esclaves ; ils en firent des vassaux, d'abord amovibles, ensuite à vie. Devenus ainsi, par trop d'apathie naturelle pour la propriété, les esclaves de leur Souverain, un enthousiasme violent pour la guerre les en rendit encore plus d'une fois indépendans. Lorsqu'ils cessèrent de trouver dans les Chefs cette valeur qui les rendoit dignes de les mener à la victoire, comme leur noblesse les rendoit dignes d'avoir la presséance au milieu d'eux, *Tac. M. G. 7.* ils la cherchèrent dans leurs Généraux. Bientôt la Noblesse fut tout-à-fait éclipsée par la valeur ; & c'est ainsi que dans ce même tems, où le Peuple reprenoit une partie de ses droits, les Maires empiétoient sur ceux de leurs Maîtres, jusqu'à ce qu'enfin ils les eurent tous usurpés. Ici commence la seconde Race de nos Rois. La constitution un moment suspendue par les expéditions toujours glorieuses de Charlemagne, fut enfin déterminée par la foiblesse de ses Successeurs, vers un excès contraire au premier : les Sujets participèrent à l'élection des Souverains : ils pouvoient choisir entre plusieurs ; les Souverains de leur côté, ne perdirent pas tous leurs droits sur la Couronne, puisque l'Élu devoit être pris dans la Famille Royale. Ce premier pas conduisoit à la liberté, le second entraîna dans l'Anarchie :

les grands Fiefs & les grandes Charges furent vendues par nos Rois, presque dénués de ressources & d'autorité, soit à prix d'argent, soit à prix de services & d'adulation: ils ne sentoient pas, ou sentoient en vain, que c'étoit d'un seul coup se dépouiller de ses Domaines, & se donner des Rivaux.

J'ai déjà remarqué que les Gaulois étoient esclaves dès le commencement de la Monarchie. La partie des Francs éloignée de la source des graces, sentant les inconvéniens de la pauvreté, parce que tout devenoit riche autour d'elle, fut forcée de se rendre esclave momentanée des favoris, tant que leurs bénéfices & leurs charges n'étoient encore que momentanés, & leurs esclaves perpétuels, quand la propriété des possessions se fut perpétuée dans les familles. De cette manière, la multitude des *vilains* s'accrut d'une partie de ces mêmes conquérans auxquels ils devoient leur avilissement.

L'assoupissement de la servitude fut entremêlé de quelques réveils, mais inutiles, parce qu'il y avoit trop de maîtres.

C'est ainsi que le système féodal mit les Riches & les Puissans à la place de la Nation, tandis que leurs richesses même & leur puissance séparoient leurs intérêts des intérêts de celle-ci.

Cependant le phantôme de la Royauté s'évanouit, & un grand vassal, qui devoit dans la suite dévorer tous les autres, prit sa place. Il le dut sur-tout à sa politique & aux circonstances qui avoient rapproché lui & ses ayeux du trône. Nous voilà arrivés à Hugues-Capet, dont les descendans nous gouvernent. Ce Hugues fut un usurpateur; beaucoup de ses successeurs eussent tenu le sceptre de notre main, si par une longue suite de possession & de

Vell. rég. de Hug.

ſiècles, qui légitiment tout, la naiſſance ne le leur avoit donné.

Cette note eſt longue; j'ai cru devoir développer mes idées ſur l'origine du gouvernement féodal. J'en dois le premier germe à l'illuſtre Auteur de l'*Eſprit des Loix*.

(12) [*Le Peuple accablé venge néanmoins.*] Je ne rapporterai que ce trait : « Guillaume le *Conquérant* fut *Vell. ann.* 1087.
» enterré à Saint-Etienne de Caen. Le convoi approchoit » de l'Égliſe, un habitant de la ville crie *haro*. Ce nom » ſeul prononcé étoit un ordre aux Magiſtrats d'accourir » réprimer la violence. On arrêta. Alors le Bourgeois » expoſa que le feu Roi avoit pris pour bâtir l'Abbaye de » Saint-Etienne un fonds qui lui appartenoit, ſans l'en » avoir dédommagé; le peuple auſſi-tôt ſaiſit le corps, » qui ſeroit demeuré ſans ſépulture, ſi Henri, le cadet » de ſes fils, n'eût payé au dénonciateur la ſomme qui » lui étoit due ».

Au Concile de Poitiers, tenu en 1100, contre *Fleur. h. E. l. 65.*
Philippe I, le peuple indigné de l'excommunication ſollicitée & fulminée par les Miniſtres Romains, ſe ſouleva; il y eut du ſang verſé & des Prêtres lapidés.

(13) [*Les Seigneurs défendent long-tems.*] Tels Bouchard de Montmorenci, Mathieu de Beaumont, Ebale de Rouci, Humbauld, &c.

(14) [*Un Gui de Trouſſel.*] Ce Gui étoit un Seigneur redoutable autant par ſa valeur que par le château de Monthléri; pour s'en débarraſſer, le Roi lui donna ſon fils naturel Philippe pour gendre, & le château fut le prix de ce mariage.

(15) [*Un Gui de Rochefort.*] Louis VI, perſuadé par ſon père, s'étoit engagé à épouſer Lucienne, fille du Comte de Rochefort. Il ſe dédit quelques-tems après,

ſous le prétexte ordinaire de parenté; le Comte, pour venger l'honneur compromis de ſa fille, lui déclara la guerre.

(16) [*Une foule de Chevaliers Français.*] Le Comte de Toulouſe, Raymond & Henri de Bourgogne, du ſang de France (le premier de vint le Chef des Rois de Caſtille juſqu'à la maiſon d'Autriche; le ſecond, des Comtes de Portugal), Guillaume, Duc d'Aquitaine, Hugues de Bourgogne, &c.

(17) [*Dans les Bouillons, les S. Gilles.*] Je paſſerois les bornes d'une note, ſi je rapportois les traits les plus brillans de leur vie. On les trouve dans les Hiſtoires des Croiſades, & je doute que les tems fabuleux de l'antiquité nous offrent des choſes plus étonnantes.

Il eſt ſingulier que l'Aſie ait ſeule été le théâtre des exploits des plus fameux Guerriers, de ceux de Troye, de celui de l'Inde (Bacchus), du Macédonien, (Alexandre), & plus récemment encore, de Genghiskan, & de Tamerlan. Elle a auſſi fourni ſeule des ſujets dignes d'être chantés par nos quatre grands Poëtes, Homère, Virgile, Milton & le Taſſe. J'en dirois autant du Camoëns, ſi l'on pouvoit le nommer avec eux.

(18) [*Les duels, les épreuves, &c. les tournois, les joûtes.*] Les détails les plus ſatisfaiſans ſur ces antiques uſages ſont ſi multipliés dans tous les livres & ſi connus de tous les Gens de Lettres, que ce ſeroit tems perdu de s'y arrêter.

(19) [*Les plaines Gorgonnienes virent Monteil.*] Aymard de Monteil, Evêque du Pui en Velay, à la bataille de la Vallée Gorgonienne ayant fait faire une marche ſecrette à ſon armée à la faveur d'une montagne, tomba

Maimb. h. des Cr. l. 2,

brusquement sur le dos des Arabes, & nous donna ainsi la victoire. Ce combat est un des plus longs & des plus sanglans qu'il y ait jamais eu. Aymard mourut l'année suivante 1098, & fut généralement regretté. Velly lui rend ce témoignage : « on sent toute la diffi-» culté de concilier tant de chefs si différens de carac-» tère, d'humeur & d'intérêt: cet effort étoit réservé » à Aymard de Monteil, Evêque du Pui en Velay, » Légat du Saint-Siége pour cette expédition; Prélat » également distingué par sa science & par sa piété, » qui n'entendoit pas moins la guerre que ce qui re-» gardoit la Religion ».

(20) [*Ces Ordres célèbres.*] Celui du temple indignement aboli 200 ans après, celui de Malthe, celui de Saint-Lazare, celui des Chevaliers Teutoniques, tous ont leur origine dans le douzième siècle.

(21) [*Etanchant au milieu du carnage.*] Dans la bataille de la plaine Gorgonienne, nos Guerriers succomboient sous le nombre, la lassitude & la chaleur; les femmes se mêlent parmi eux, raniment leur courage par leurs cris & leurs forces en portant de tous côtés de l'eau d'un ruisseau voisin. L'issue du combat étant ainsi suspendue, le reste de l'armée eut le tems de joindre, & la victoire fut à nous. *Maimb. hist. des Cr. l. 2.*

Ajoutons un trait digne des anciennes Romaines. Conrad III assiégeoit Winsberg, (raconte Rich. de Wassebourg) & le pressoit vivement: dans cette extrémité, les femmes vont à lui & le conjurent de leur permettre de quitter la Cité avec ce qu'elles pourront emporter de leurs effets précieux sur leurs épaules. La chose leur fut accordée; elles sortirent un instant après chargées de leurs maris & de leurs enfans; ce spec- *Antiq. de la Gaul. Belg.* *Hist. d'All. ann. 1140.*

tacle toucha l'Empereur, *il leur laissa maris, enfans, bagues & joyaux*..... Mais quoi, les idiotes ne savoient pas lire * !

(22) [*De ce Guillaume.*] Son ambition ne fut pas celle des Héros; elle fut la soif des richesses, non l'ardeur de la gloire; son esprit borné & son caractère sanguinaire ne lui suggérèrent d'autre moyen d'assujettir l'Angleterre, que l'oppression. Sa naissance l'excluoit du trône: Robert, Duc de Normandie, l'avoit eu d'Arlette, fille d'un Pelletier de Falaise. Pour ravir la couronne d'Angleterre au véritable héritier Edgard, ou bien à l'usurpateur Harald, que personne ne l'avoit chargé de punir, il se prévalut d'un testament réel ou supposé d'Edouard, qui n'avoit aucun droit de le faire. Ce Harald eut l'imprudence de commettre le sort du royaume au hasard d'une seule bataille; & un combat livra la Bretagne à Guillaume, comme un combat l'avoit livrée à César.

Cæs. de Bell. Gall. lib. 4.

(23) [*De cet autre Tyran son successeur.*] Guillaume II, fils du Bâtard. « Les Historiens le dépeignent, » dit Rapin Toiras, comme un Prince sans honneur, » sans conscience, sans foi & sans religion ». Il faut ajouter sans humanité, mais non sans rafinement de malice, puis lire sa vie, & l'on se convaincra que le portrait n'est pas chatgé.

(*) Un Troubadour épris des charmes de cette Eléonore de Guyenne, qui fut d'abord Reine de France & puis Reine d'Angleterre, lui adresse une Pièce, où après avoir exhalé en longues plaintes la rigueur de son sort, il s'écrie : *cependant elle permet que je lui écrive*, ET ELLE SAIT LIRE! C'étoit donc alors une chose extraordinaire, même dans une des premières Princesses de l'Europe.

(24) [*D'un Despote adroit.*] Henri I, frère du précédent & son successeur en 1100. Son avénement au trône, irrégulier suivant la naissance & la coutume, mais légitimé par le vœu général, fut signalé par plusieurs belles Ordonnances, telles que l'Edit sévère contre les malfaiteurs & les adultères, celui qui porte peine de mort contre quiconque foulera le peuple, &c. Cinq ans après ces beaux commencemens, il exigea une taxe exorbitante, encore plus onéreuse mille fois par la dureté des levées. Il s'empara injustement de la Normandie, & plongea dans un cachot son frere Robert, &c. Par son éloquence, il fascinoit les yeux des sujets; par son argent, il détournoit les excommunications de l'Eglise. Il mourut d'un excès de lamproie en 1135.

(25) [*Débarrassé d'un maître dur, sanguinaire.*] Henri le vieux, fils de Henri III, couronné Empereur après lui à l'âge de six ans, en 1056. Ses vexations dans la Saxe y occasionnèrent de malheureuses révoltes. Son penchant au libertinage lui faisoit entretenir à l'âge de seize ans, trois concubines à la fois; il se les procuroit indifféremment par des séductions, des rapts ou des meurtres. Après les avoir violées, il les livroit à ses gens. Il dissimuloit le pillage des soldats, parce qu'il le partageoit. *Personne*, dit l'Historien de l'Allemagne, *n'osoit être vertueux à sa cour.* Il n'est pas hors de propos de remarquer qu'une diète le força à éloigner d'auprès de lui cet Adalbert, son favori, qui flattoit ses vices. Sa foiblesse autant que l'ambition d'Hildebrand, plus connu sous le nom de Grégoire VII, furent une des causes des prétentions du Saint Siége. C'est lui qu'on vit dans Canosse, par ordre du Pape, vêtu,

durant trois jours d'un rigoureux hiver, d'une simple tunique de laine, marchant pieds nuds, & ne mangeant qu'une fois toutes les vingt-quatre heures. Il mourut à Liége en 1106.

(26) [*Vient de se jeter entre les bras d'un patricide.*] Henri V, né du précédent en 1081, se révolta contre lui en 1105, & fut vraisemblablement la cause de sa mort. Après l'avoir contraint à s'avouer publiquement incapable de gouverner, à demander comme une grace la conservation de ses jours, à solliciter enfin un canonicat dans Spire pour sa subsistance, il fit exhumer son cadavre, & le priva durant cinq ans de la sépulture ecclésiastique. Au reste, il sut réduire Rome & venger en quelque sorte les affronts que son pere en avoit reçu. Il tint plusieurs jours Pascal & sa Cour en prison. Il avoit du courage, de la capacité, de la politique, mais plus encore de la duplicité, de l'avavarice & de la cruauté. Les remords l'étouffèrent en 1125.

(27) [*Tantôt semble se débattre.*] La Longobardie, (les Grecs donnoient ce nom à cette partie de l'Italie, dont ils s'étoient rendus maîtres à l'aide des Danois & des Russes, sous Otton I) ennuyée de l'insolence & de la méchanceté des Grecs, se révolta en 1011, ayant à sa tête Melo, citoyen de Bari plein de valeur & de prudence. Les Normands survinrent en 1016, qui se joignirent à elle, & après l'avoir aidée à s'affranchir, l'asservirent.

Murat. annal. d'Ital.

(28) [*Un Pontife né de parens obscurs.*] Puisque son esprit a dirigé si long-tems la Cour de Rome, il a bien fallu dire qui il étoit, & je ne crains pas que quiconque aura un peu feuilleté les Historiens origi-

naux, m'accuſe de légéreté. Il naquit d'un Charpentier, dans le territoire de Soane, ville de Toſcane, ſe fit Moine à Cluni, fut mené à Rome par Brunon, Evêque de Toul, le fit Pape par ſes intrigues, régna ſous lui & ſes ſucceſſeurs par ſon crédit, & jeta ainſi d'avance les premiers fondemens de ſon ſyſtème deſpotique: il reçut enfin lui-même la thiare en 1073. Il avoit pour principe que *Dieu en donnant à S. Pierre la puiſſance de lier & de délier dans le Ciel & ſur la terre, entendit tout ſoumettre à cette puiſſance; que celui qui n'obéit pas au Saint Siége tombe dans l'idolâtrie, &c.* En même-tems qu'il s'efforçoit d'établir ſon pouvoir ſur l'Allemagne, il tentoit de ſe ſoumettre l'Angleterre en flattant un Roi qui ne le craignoit pas, & de rendre la France & l'Eſpagne ſes tributaires, en s'étayant de je ne ſais quels titres imaginaires. On peut voir dans l'*Abrégé chronologique de l'Hiſtoire d'Italie, par Saint-Marc*, une vie de ce fameux Pontife très-judicieuſe, très-modérée & pleine de bonne diſcuſſion. On y apprendra ce qu'il faut penſer de la canoniſation de Grégoire, dont au reſte il n'eſt fait commémoration dans aucun martyrologe Français. Cet Ouvrage où l'Auteur traduit & compare beaucoup plus les originaux qu'il ne les juge, offrira mille preuves qui viendront à l'appui de mes aſſertions.

Paſcal II, élu après la mort d'Urbain, c'eſt-à-dire, en 1099, vécut Pape dix-huit ans. Il n'avoit ni le génie, ni la fermeté de Grégoire, mais il en avoit l'ambition & les maximes.

(29) [*La mort de Philippe.*] Elle arriva en 1108. « Ce » Prince, dit Hénault, parut d'autant plus mépriſable à » ſes ſujets, que ce ſiècle étoit plus fécond en Héros ».

Séduit par les charmes & les manéges de Bertrade de Montfort, il la fit enlever à sa propre persuasion, & l'Evêque de Bayeux impartit la bénédiction nuptiale à ces deux adultères ; car si Bertrade fuyoit son vieux mari, Philippe venoit de reléguer sa vieille, mais respectable femme, Berthe, à Montreuil, après l'avoir répudiée sur de faux titres de parenté.

Vit. Lud. Gr. de adm. c. 12. (30) [*En lui confiant.*] Il fut fait Prévôt de Berneval & de Toury. Une Prévôté n'est autre chose qu'une ferme dont l'Abbé remet l'administration aux soins d'un Religieux ; il y séjourne & y commande à deux ou trois Moines invalides & à quelques valets.

(31) [*Il va forcer la terre à dévorer.*] Il imagina de creuser une mine au-dessous du Château du Puiset, de soutenir momentanément le terrein avec des supports en bois, d'y mettre ensuite le feu, pour que le bois venant à manquer, le terrein croulât & le Château avec lui. Il y avoit pourtant grande raison de craindre qu'un pareil moyen ne réussit pas. Il ne fut que conçu & proposé. *H. de Sug. par Gerv. l. 2.*

Vit. Lud. Gr. c. 18. (32) [*Ainsi l'armée triomphante.*] Le Baron du Puiset avoit été forcé de se rendre ; on le tint long-tems en prison ; enfin la paix se signa. Il en viola bientôt les conditions ; & son château fut assailli pour la seconde fois. Le Roi ayant ordonné un peu trop légérement une attaque, il eut, malgré toute sa bravoure, la douleur de se voir entiérement défait. On trouve dans sa vie une brillante & longue description du combat. Louis retiré à Toury, rallioit avec courage les débris de son armée ; SUGER de son côté prodiguoit les louanges à celui-ci, les promesses à celui-là, les sarcasmes à l'un, les reproches à l'autre, & *inspiroit l'ardeur à tous.* *Gerv. hist. de Sug. l. 2.*

L'ennemi

L'ennemi se renforçoit en même-tems ; peu de jours après, une nouvelle action s'engage ; elle est des plus sanglantes ; & les troupes Royales, quoique prodigieusement inférieures en nombre, remportent tout l'avantage & toute la gloire.

(33) [*Ainsi lorsque ce Hugues.*] J'ai dit dans la note précédente que Hugues du Puiset avoit rompu la paix : voici comment. Pour obtenir sa liberté, il lui avoit fallu faire des sacrifices. Il en conservoit dans le cœur une secrette rage. Il vit son château rasé, & sa fureur se ralluma ; il la déchargea sur tout ce qui s'offrit sous sa main. Résolvant ensuite de relever son fort & de se venger du principal auteur de ses maux ; il va le trouver à Toury : *Je me suis laissé emporter*, lui dit-il, *par un premier mouvement ; allez, je vous en conjure, courez au Roi & intercédez en ma faveur.* C'étoit un piége : il comptoit en son absence surprendre Toury. Louis en avoit eu le vent. Lorsqu'il vit arriver SUGER, il le railla sur sa simplicité, & le renvoya bien vîte porter du secours à sa Prévôté, dont le Baron du Puiset poussoit vivement le siége. « J'avois peu de monde „ avec moi, (c'est SUGER qui parle) nous en marchions „ avec plus d'assurance ; le soleil étoit sur son déclin ; „ les soldats de Hugues très-fatigués des travaux du „ jour, reposoient ; nous nous mêlames parmi eux, „ comme si nous eussions été des leurs ; nous parvînmes „ ainsi, non sans de grands dangers, aux portes du „ château, & nous y entrâmes. Dès ce moment, les „ assiégés ravis de nous revoir, ne cesserent de provoquer l'ennemi, & d'insulter à ses nobles & à ses „ justes délassemens „. Hugues fit encore quelques efforts, qui lui coûtèrent cher, & apprenant que le

Vit. Lud. Gr. c. 20.

I

Roi s'avançoit à la tête de ses troupes, il leva le siége.

(34) [Pour de chétifs intérêts.] Cette guerre fut le fruit de ses intrigues. Le Baron du Puiset désoloit & pilloit souvent la Prévôté de Toury. Tout étoit permis contre lui : C'ÉTOIT UN EXCOMMUNIÉ, UNE AME INFERNALE. *Vit. lud. gr. p. 300.* Aussi SUGER lui suscita t-il adroitement les Seigneurs du voisinage & le Roi lui-même. Il y eut dans le cours de la guerre trois traités & trois ruptures.

Vit. Lud. Gr. c. 18.

(35) [*Illustrée par l'héroïsme d'un Prêtre.*] SUGER raconte lui-même la chose dans l'histoire de Louis VI. On étoit à l'assaut & nos troupes mollissoient & commençoient à fuir : " à ce spectacle un Prêtre se saisissant „ d'un méchant ais en guise de bouclier, monte, la tête „ nue, jusqu'au pied de la palissade, y trouve une „ espèce d'abri, s'y cache & s'ouvre en silence un „ passage. Il fait en même-tems signe à ce qu'il y avoit „ de soldats incertains & désœuvrés dans le camp. Ils „ l'apperçoivent sans défenses ; ils volent avec des ha- „ ches, des armes, toute sorte d'instrumens ; ils fendent, „ brisent, forcent tous les obstacles, &, comme si les „ murs d'un autre Jéricho étoient tombés, les armées „ soit du Roi, soit du Comte de Chartres, se jettent „ dans la place à la même heure ".

(36) [*Des lueurs affoiblies de la liberté.*] Le Roi étoit si peu maître absolu, qu'il fait au Baron du Puiset son procès avant de lui déclarer la guerre ; qu'il accepte un défi du Duc de Chartres ; que pour s'approprier une ville d'Eudes de Corbeil qu'il avoit défait & tué, il recherche un traité avec son héritier, & cet héritier étoit en sa puissance & n'étoit pas le fils d'Eudes.

Vit. Lud. Gr.

(37) [*Delà la querelle des investitures.*] Les Empereurs étoient dans l'usage d'investir les pourvus de bénéfices ecclésiastiques, en leur donnant une crosse & un anneau; les Papes prétendirent qu'ils devoient simplement leur donner un sceptre. Cette dispute, si futile en elle-même, fut le voile dont Rome couvrit ses vues chimériques de l'Empire universel, & l'on s'égorgea à l'envi.

(38) [*Pour feindre à ses yeux.*] En annonçant sa mort, SUGER dit: *tàm Romanis quàm Francis vitæ depositione pepercit*; & deux lignes auparavant: *ejus benedictionem, quia regni primitias obtuleramus gratanter reportavimus.* Je rapporte ses propres termes, & je prie les critiques de les lire, ou de ne pas me juger. Ibid.

(39) [*Lors de ce fameux Concile.*] Celui de Rheims, en 1119, où le PAPE CHAGRIN, dit Orderic Vital, EXCOMMUNIA, AVEC L'APPAREIL DES CIERGES ALLUMÉS ET ÉTEINTS, L'EMPEREUR HENRI QUI COMBATTOIT CONTRE DIEU.

(40) [*Que d'autres se moulent un héros.*] Je suis émerveillé de l'assurance avec laquelle Dom Gervaise fait jouer à SUGER un personnage fort important dans ce Concile, où l'on se doute à peine qu'il ait assisté.

Quant à son ambassade, voici ce que lui-même nous en apprend & tout ce que nous en savons : « Envoyé par » Louis VI vers le Pape pour quelques affaires qui » regardoient le Royaume, je fus le trouver dans la » Pouille : il me reçut honorablement, autant par » égard pour le Roi que pour notre Abbaye. Il eut » même voulu me retenir plus long-tems; mais mon » attachement au Monastère, & les conseils de l'Abbé » de Saint-Germain & de mes autres compagnons de » voyage, m'empêchèrent d'accepter ses offres. Notre

» commiſſion étant remplie, nous nous retirions donc » *fort heureuſement, &c.* » Je ne trouve là rien de bien ſignificatif, ni ſur l'adreſſe, ni ſur le ſuccès de ſes négociations. J'ai pourtant conſervé tout exprès dans la dernière phraſe le louche de l'original.

(41) [*Inſenſé! il compte le moment de ſon élévation.*] Laiſſons SUGER continuer ſon récit & mon texte ſe trouvera éclairci: « *nous nous retirions fort heureuſe-* » *ment;* nous avions paſſé la nuit dans une petite ville; » après avoir dit mes Matines, je me recouchai en » attendant le jour; je ſommeillai & je crus me voir » en pleine Mer, vaguant au gré des flots irrités, dans » un mince bateau, ſans rames; j'étois tantôt porté » juſqu'aux nues, tantôt plongé dans les abymes; c'en » étoit fait de moi; j'implorai le Ciel à grands cris; » tout-à-coup l'horizon devint ſerein; il ſe leva un » doux & agréable zéphir; il dirigea la proue encore » agitée de ma nacelle endommagée & menaçante, & » un ſouffle plus rapide que l'idée me jetta dans le » Port. Cependant le crépuſcule vint annoncer le jour, » & nous nous achéminâmes; je marchois préoccupé » de mon rêve, lorſqu'un jeune Domeſtique de l'Ab- »baye ous reconnoît, court à moi, me tire à l'écart, » & m'apprend la mort de l'Abbé Adam, & l'una- » nimité des ſuffrages en ma faveur pour lui ſuccé- » der. Mais le Roi n'ayant été conſulté qu'après coup, » il avoit fait enfermer dans les priſons d'Orléans les » Députés qui étoient venus réclamer ſon conſente- » ment.... Dans cette ſituation, que faire? Troubler » pour moi ſeul l'harmonie qui régnoit entre les deux » Puiſſances, en me prévalant de l'amitié du Pape, pour » faire confirmer l'élection à Rome? Laiſſer gémir, à

» cause de moi, mes frères & mes amis dans une prison » Royale ? Encourir froidement pour l'amour d'eux » l'opprobre d'un refus ? Je m'occupois de dépêcher » à gros frais vers le souverain Pontife pour le con- » sulter, lorsqu'un Clerc Romain se chargea avec » plaisir de la commission. J'envoyai d'un autre côté » à la Cour pour savoir la tournure que prenoient les » choses ; car je ne voulois point aliéner mal-adroitement » l'esprit du Roi...... Mes espions ne tardèrent pas » à revenir m'annoncer que Louis étoit appaisé, les » Prisonniers élargis & l'élection confirmée...... Ainsi » la main Toute-Puissante de Dieu s'est ouverte sur » moi ; j'étois pauvre, & il m'a tiré du fumier, pour » me faire asseoir à côté des Princes de l'Église & des » Rois de la terre, &c. ».

Sug. const. 1. Ejusd. testam.

(42) [*Envers le malheureux & persécuté Abeilard.*] Il fut effectivement malheureux par-tout ; dans le monde, parce qu'il s'abandonna trop aux sentimens de la nature ; & dans le Cloître, parce qu'il fut trop zélé observateur des maximes religieuses ; mutilé, emprisonné, excommunié, flétri, proscrit, & haï des Moines de S. Denis pour avoir osé penser que leur Patron n'eût pas été Evêque d'Athènes, il se tenoit caché dans un hermitage de la Champagne, & sollicitoit vainement son repos & sa liberté, lorsque SUGER succéda à l'Abbé Adam. Abailard, dont il avoit été l'ami, ne douta pas qu'il ne se déclarât son libérateur ; SUGER l'accueillit avec bonté, mais il fallut l'intervention du Roi pour l'obliger à lui accorder la permission de se choisir une retraite quelconque. Cette retraite fut le Paraclet.

(43) [*Jusqu'aux bêtes fauves même.*] Plusieurs Auteurs contemporains, & ses propres ouvrages, attestent le

faste dont il s'entouroit. Il n'y a ici aucune exagération. Quoiqu'on ait raison de croire qu'il ne fut à la Diète de Mayence que pour réclamer le Domaine de Blitestorf usurpé par les Comtes de Morspeç, & passé par alliance dans la maison d'un Seigneur Allemand nommé Maynard, il n'en est pas moins vrai qu'il y alla, & qu'il y alla avec le cortége d'un Souverain.

Quant à la fameuse chasse à laquelle je fais ici allusion : « nous fûmes, est-il écrit dans le *livre de son administration*, à la forêt d'Yvelines accompagnés des » Comtes de Montfort, de Simon de Neaufle, d'Evrard » de Villepreux, d'une infinité d'autres amis, de nos » vassaux & de nos gens. Nous dressâmes des tentes, » nous y restâmes une semaine entière, nous courûmes » tous les jours le cerf, & nos chasses furent toutes » abondantes & heureuses ».

(44) [*Plus profond que celui de son Ordre.*] La Règle de S. Benoît, donnée dans le sixième siècle, passe pour la plus douce & la plus sage de toutes le Règles religieuses. Il y avoit sept heures de travail par jour, & deux de lecture suivie. On se levoit deux heures après minuit pour aller chanter jusqu'au jour. La nourriture consistoit en légumes, fruits, & douze onces de pain. Chaque Moine étoit cuisinier tour-à-tour. Toute relation avec le monde, même avec ses pères, étoit défendue. Aux infracteurs de la Règle, correction verbale, puis abstinence ou fouet. S. Benoît appelle tout cela une foible ébauche, une tentative de Règle.

(45) [*Fut encore passagère.*] Dès l'année 1174, il fallut l'intervention du S. Siége, pour réprimer le déréglement de ce Monastère.

V. Sug. l. 1. c. 6. (46) [*Il servit quelquefois leurs vices.*] « SUGER,

» Abbé-puissant, observe le Chroniqueur Guillaume, » n'eut jamais plus d'embonpoint que SUGER, Reli» gieux-privé ; bien que communément, pour étique » que fut un *élu*, on apperçut, si-tôt qu'il avoit été sacré, » ses joues se *poteler* & sa bedaine s'arrondir ». La traduction est presque littérale. Ce trait nous fournit une preuve de l'esprit de débauche qui infectoit les Monastères. On y voit que le principal vice, celui qu'on y dissimuloit le moins, c'étoit l'amour de la table, & ce fut aussi celui que SUGER flatta avec une complaisance plus spéciale & plus démontrée. *Voy. son Testam. ses Constit. le Liv. de son Admin. &c.*

(47) [*Dans Beaune, &c... dans Chaumont.*] La Ferme de Beaune, en Gâtinois, étoit immense, mais tout-à-fait dégradée & d'ailleurs grevée de charges ruineuses. Ainsi, elle étoit tenue de trois *procurations* envers le Roi (on appeloit *procuration* le droit en vertu duquel le Seigneur étoit logé & alimenté, un certain nombre de fois, par les vassaux, quand il passoit sur ses terres ; droit qui, comme beaucoup d'autres, se changeoit insensiblement en des rentes pécuniaires), ces *procurations* s'entendoient ici tant du Prince que de ses Administrateurs, & en étoient d'autant plus onéreuses. Deux s'imposoient sur les revenus de l'Abbaye, le troisième sur la récolte des Habitans ; Louis étoit si *miséricordieux envers les PAUVRES*, que, par l'intercession de SUGER, les deux premières furent abolies, & l'autre convertie en une redevance annuelle de huit livres. *De adm. num.* 15.

S. Pierre de Chaumont étoit à la bienséance du Monastère de S. Denis : lorsque ses Abbés alloient de Vilcasin en Normandie, ils trouvoient dans ce Chaumont *Ibid. n.* 21.

un *pied-à-terre* commode; ils y possédoient outre-cela quelques Domaines, qu'il étoit bon de surveiller de près; enfin accroître ses richesses, cela seul n'est jamais à négliger: aussi SUGER intrigua-t'il si bien, soit auprès du Roi de France, soit auprès de l'Archevêque de Rouen, qu'il obtint, à titre de don, & l'Église, & l'Abbaye & les Canonicats: il y établit douze de ses Moines gouvernés par un Prieur.

(48) [*Dans Touri.*] On sait que chaque Église étoit sous la tutelle d'un *Avoué*; qu'il y avoit des *avoueries honorifiques*, c'est-à-dire, sans émolumens, & des *avoueries utiles*, auxquelles étoit quelquefois affectée la jouissance d'une bonne partie des Domaines & des revenus Ecclésiastiques; telle étoit celle dont se trouvoit grevée la Prévôté de Touri. « Je ne voyois, dit SUGER, *Ibid. n. 12.*
» aucun moyen de l'en libérer, lorsque je fus informé
» qu'elle devoit échoir en héritage à une pauvre fille.
» Je cherchai aussi-tôt, par le conseil de mes amis, à
» disposer d'elle en mariage, à quelque prix que ce fut;
» j'y parvins; je la fis donner avec son *avouerie* à un de
» nos jeunes Domestiques; je constituai, à cet effet,
» cent livres des deniers de S. Denis, tant aux père &
» mère qu'aux époux; enfin, j'obtins du Roi, (car
» l'avouerie relevoit de lui) que, moyennant trente
» autres livres payées au fisc, & eux & leurs successeurs
» nous devroient hommage, service & *justice*, sous
» peine de confiscation à notre profit, &c. ».

(49) [*Dont nous avons vu le plus sensible.*] Je ne connois que deux Romans: si tous leur ressembloient, je n'inviterois personne à les lire, mais je ne lirois presque autre chose de ma vie.

Au reste, le Monastère dont il est ici question, c'est Argenteuil. SUGER s'appuyant de quelques vieux titres du septième siècle, prétendoit que S. Denis y avoit des droits. Pour les faire valoir & plus vîte & plus sûrement, il accusa les Religieuses d'excès scandaleux, & les en fit chasser. Héloïse se retira au Paraclet, où fut fondée à cette époque cette Abbaye, dont elle fut la première Abbesse. *Ibid. n. 3.*

(50) [*Le démon de la vengeance.*] Il se plaignoit de ce que Louis avoit souffert qu'on l'excommuniât dans son Royaume. *Voyez la note* 39.

(51) [*C'est ainsi que nos Écrivains.*] Auteuil, Felibien, Dom Gervaise & Velly, se copiant les uns les autres, donnent à croire que SUGER fut envoyé à la Diète de Mayence, pour y faire élire une Empereur qui fut au gré de Louis VI. Ils seroient fort embarrassés pour citer leurs autorités. J'ai désigné, *note* 43, un objet au voyage de SUGER; j'eusse même assez fait, pour la vraisemblance, peut-être pour la vérité, d'indiquer son humeur vagabonde & dissipée comme unique motif de cette course. La haine des Allemands pour les trois derniers Henris, & le désir de revenir à la forme primitive de leur gouvernement, enlevèrent les suffrages aux Neveux du dernier Empereur, & les déterminèrent en faveur de Lothaire. Mais je ne puis me persuader que le prétendu Ambassadeur ait eu la moindre influence dans cette affaire.

(52) [*De nombreux réformateurs de Cloîtres.*] Bruno venoit de ramener la vie cénobitique à sa primitive institution. On ne peut reprocher aux Chartreux, dans l'espace de sept siècles, que leurs richesses; elles ne les ont

même pas corrompus ; ils se sont relâchés, mais avec tant de modération, qu'on doit moins l'imputer à déréglement qu'à sagesse.

Vers la même époque, quelques Bénédictins échappés de Molesme, renouveloient, dans le désert de Citeaux, les premiers exemples de l'austérité de leur Ordre ; & Bernard ne tarda pas à enchérir, dans Clairvaux, & sur S. Benoît, & sur Citeaux dont il étoit l'élève. D'un autre côté, Arbrissel entraînant par ses prédications les deux sexes sur ses pas, les exerçoit respectivement, s'il faut en croire son ami l'Abbé de Vendôme, à un genre de tentation ou de martyre fort étrange, & ensuite, pour faire taire la malignité, élevoit le Monastère de Fontevraud, où, par une autre singularité non moins inouie, il soumettoit ses Disciples, les *pauvres de J. C.*, aux femmes qui en sont les servantes.

Enfin, Norbert faisoit revivre, dans la solitude de *Prémontré*, la règle de S. Augustin, ordonnoit à ses Frères le jeûne perpétuel, & comptoit déjà, au bout de sept ans, huit Abbayes dans son Ordre.

La fin de ce douzième siècle, étonnant & curieux en toutes choses, vit encore naître plusieurs instituts Religieux ; mais il faut bien prendre garde que l'esprit de ces établissemens varia selon les tems : cette différence a même été marquée par celle des progrès. Par exemple, les Dominicains, institués contre les Albigeois, ont produit une infinité d'Inquisiteurs dans les quatre parties du monde, & Jacques Clément en France ; Citeaux, fondé pour la pauvreté & la rigueur, est devenu une Abbaye de deux cens mille livres de rente.

(53) [*Toute constitution.*] Un Gouvernement quel-

conque n'est, à proprement parler, que le lien de la Société. Or, tout Gouvernement est l'ouvrage des hommes, d'où suit aussi (vérité confirmée par une infinité d'autres raisons) que faussement on prétend rejeter sur la nature originelle l'établissement des sociétés humaines. Il faut bien que tout Gouvernement la contrarie, puisqu'encore aucun Législateur n'en a établi dont elle n'ait opéré la décadence & la destruction.

(54) [*Sauroit se ranger du parti de la nature.*] Que personne ne s'y fût rangé, livrée à elle-même, la nature se seroit enfin débarrassée toute seule par quelque secousse violente; & dans l'horreur de l'espèce d'anéantissement auquel se seroit arraché le peuple, on l'auroit vu se précipiter vers l'extrême opposé, la Démocratie, État peut-être tout aussi peu naturel, & très-sûrement moins tranquille, mais qui du moins laisse à l'homme toute sa physionomie.

(55) [*Les Villes Royales donnoient l'exemple.*] On trouve dans Daniel, dans Velly & dans le Gendre, des détails intéressans sur l'établissement des Communes. On y verra comment les Villes rachetèrent leur liberté, & les nombreux priviléges qu'elles acquirent; comment en 1304 elles étoient si puissantes & si riches, que pour les engager à contribuer avec moins de répugnance aux nécessités de l'État, on fut forcé de les admettre aux assemblées générales. Peut-être ne sera-ce pas une aussi étrange disparate qu'il semble au premier coup-d'œil, de remarquer en même-tems que l'année suivante 1305, les duels furent proscrits pour jamais des jugemens en matière civile.

(56) [*La rébellion isolée de Gaucher de Montjeai, & le*

crédit naissant des Troubadours.] Quelques-uns de nos Écrivains, sur le témoignage d'un Chroniqueur Anglais du treizième siècle, ont supposé, peut-être trop facilement, à Louis VII des prétentions injustes au Comté de Toulouse, & Dom Gervaise, paraphrasant le texte à sa manière, veut que la guerre ait été entreprise, à ce sujet, contre l'avis de l'Abbé de S. Denis : sa raison, c'est, je pense, qu'elle lui a paru n'avoir point eu de succès. En revanche, & lui, & beaucoup de nos Historiens les plus connus, se taisent sur la révolte de ce Gaucher de Montjeai, dont il est ici question. Elle se trouve pourtant bien constatée, soit dans les *Gestes*, soit dans l'*Histoire* de Louis VII. Ce Prince réduisit aisément le mutin, fit baisser les murs de son château & en rasa toute la forteresse, sauf la grande tour. On a vu que Louis *le Gros* avoit eu à combattre, non un Seigneur, mais la France entière, lors de son avénement à la Couronne.

Les plus anciens de nos *Troubadours*, ou Poëtes érotiques, dont nous ayons quelque connoissance, ne remontent pas au-delà de ce siècle. La Provence, où l'amour dût plus particulièrement régner sous un ciel riant, dans un pays fertile & sur des cœurs encore simples, fut aussi le berceau de la Poésie Française. M. l'Abbé Millot a conclu de la licence de certains *Troubadours*, à la dépravation de leur tems : concluons le contraire, & nous pourrons avoir raison. D'ailleurs, ce *cynisme grossier*, auquel le Rédacteur des recherches de M. de Sainte-Palaie préfère la pudique obscénité de nos Faiseurs de Contes, n'étoit point du tout général. J'ai parcouru son Recueil, & j'ai remarqué dans plusieurs des fragmens dont nous lui sommes redevables ; un ton de candeur & d'honnêteté qui enchante. Aussi ai-je vu avec grand plaisir cet Académicien judicieusement contredit par un Auteur dont lui-même fait l'éloge. Oui, sans doute, les mœurs étoient franches & assez universellement pures, quand les Troubadours parurent ; leur grande vogue fut une des causes de la corruption. L'habitude de réfléchir à une passion qui n'a d'innocence & de réalité, qu'autant qu'elle est toute instinct, produisit des raffinemens, & la galanterie chassa l'amour. Alors cette Stance d'un Trouvère ne fut plus qu'une fausse maxime & qu'un prétexte grossier :

Le P. Papon, hist. de Prov. liv. 4. c. 16.

Ben (*) devon li amador
De bon cor servir amor ;
Car amor non es peccats,
Ans es vertuts, quels malvats
Fai bons, ell bons son meilhor.

(57) [*Le Pape vint alors.*] Je traduits la chronique de Morigni. « L'Eglise de Bourges désolée de la perte » de son Archevêque, se partagea dans l'élection d'un » successeur. Les uns furent pour *Querci*, les autres pour » *Pierre de la Chatre*. Le Pape confirma celui-ci malgré » le Roi. A cette nouvelle, Louis frémissant de rage, » fait défendre l'entrée de ses Etats à Pierre. Innocent, » de son côté, interdit la célébration des Saints Mystères » dans toute la France ».

Sur ces entrefaites, le Comte de Vermandois devint amoureux d'Alix, sœur de la Reine Eléonore ; pour

(*) *Que les Amans servent de bon cœur l'amour ; car l'amour n'est point un vice, il est une vertu qui rend les méchans bons & les bons meilleurs.*

l'épouser, il répudia sa femme, parente du Comte de Champagne. Le Comte sensible à cet outrage, dont la honte rejaillissoit sur lui, ennemi-né d'ailleurs & de ses Rois & de leurs intérêts, après s'être déjà déclaré pour le Pape dans l'affaire de Bourges, fit condamner maintenant Raoul à reprendre sa première femme, sous peine d'excommunication. Pour réponse, les troupes Royales fondent sur la Champagne, y mettent tout à feu & à sang, & la Ville de Vitri en Pertois fut brûlée avec 3000 à 3500 habitans. Un repentir amer suivit de près : on fit alors de Louis ce qu'on voulut ; & il fit vœu d'aller au secours de la Terre-Sainte.

(58) [*SUGER judicieux au milieu de l'effervescence universelle.*] A ceux qui veulent me persuader que SUGER donna, avec tout le Royaume, dans le projet de la seconde Croisade, je leur demanderai de m'expliquer ce passage de son Historien contemporain : « Prévoyant » le malheureux succès de cette entreprise, non-seulement il n'en inspira pas le dessein à son Prince, mais » au contraire il le combattit dès qu'il en eut eu connoissance. Enfin, après s'y être d'abord inutilement opposé » & avoir vainement tenté de calmer l'ardeur impétueuse de son maître, il crut devoir céder au tems, » de peur qu'on ne l'accusât d'étouffer les pieux mouvemens dans le cœur de Louis, ou qu'il n'encourut » sans profit le ressentiment des fauteurs du projet ».

V. Sug. l. 3. c. 5.

(59) [*Il osa même fronder Rome.*] Je n'ai pas craint de lui faire honneur de la résistance vigoureuse de notre Clergé envers celui de Rome dans le Concile tenu à Rheims par Eugène en 1148. SUGER, au rapport de Fleuri, étoit du nombre des Députés chargés d'aller signifier au Pape que l'Eglise de France entendoit avoir

le droit de décider du dogme aussi souverainement que le sacré Collége. Pour peu qu'on ait étudié le génie de l'Abbé de S. Denis, on sentira que par-tout où il jouoit un rôle, c'étoit le premier.

(60) [*Le barbare qui punit le délire comme le crime.*] *Fleur. liv. 69.* Un Breton nommé *Eon*, s'étoit imaginé qu'il étoit le fils de Dieu, parce qu'il se trouvoit clairement désigné dans cette formule souvent répétée dans nos Eglises: *per* EUM *qui judicaturus est.* J'ai lu quelque part qu'on a vu à-peu-près la même folie se renouveller de nos jours aux petites Maisons; c'étoit même un fou très-heureux que ce fou-là; celui du douzième siècle l'étoit davantage, puisqu'il trouva de bonnes gens qui l'en crurent sur sa parole. Il est vrai qu'il leur en coûta cher; car tandis que leur *Fils de Dieu* crevoit par grace spéciale dans un noir cachot, ils étoient eux-mêmes bien & duement brûlés dans Rheims; le tout, par décision très-grave d'un Concile, & par ordre très-exprès de SUGER, puisque la puissance exécutive étoit alors en ses mains.

(61) [*Cet embrâsement terrible.*] Je frissonne toutes les fois que je pense aux malheureuses Croisades contre les Albigeois. Ces hérétiques étoient des rejettons de la secte des Henriciens, contre lesquels Eugène envoya, en 1147, Ostie d'Albéric à Toulouse, pour les y combattre. Quelle multiplicité d'opinions dogmatiques nourries ou noyées dans le sang depuis Bérenger jusqu'à Calvin!

(62) [*Malgré les cris des Prêtres.*] L'Évêque d'Orléans se plaignant à SUGER de l'affront fait à son Église, lorsqu'on en avoit arraché les meurtriers de Guillaume de Caméra, après avoir déclaré qu'il ne leveroit l'inter-

dit mis sur la Ville qu'autant, ou qu'on lui rendroit ses Criminels, ou qu'on l'y forceroit, ajoute : « Le même » jour qu'ils furent enlevés, nous avons vu avec frayeur » le Crucifix de notre Autel répandre des torrens de » larmes durant trois heures entières. »

Murat. annal. d'It. ann. 1116.

(63) [*Déterrée depuis peu dans l'Italie.*] Muratori rapporte que c'étoit une vieille tradition parmi les Pisans, que leurs Ancêtres ayant saccagé la Ville d'Amalfi en 1135, en avoient rapporté, avec un riche butin, les *Pandectes Pisanes*, appellées ensuite *Florentines* ; un Écrivain du XIVe. Siècle, l'assure aussi ; Accurse, qui vivoit dans le XIIIe, dit la même chose, au rapport de Rich. de Wassebourg. Quelque chose qu'il en soit, le savant & exact Annaliste Italien ne doute nullement qu'Irnier n'ait tiré de l'oubli les Collections de Justinien, & ne les ait expliquées le premier vers 1116, aux Écoles de Bologne. Placentin, disciple d'Irnier, vint les enseigner en France vers 1170. Vingt ans auparavant, le Bénédictin Gratien avoit rendu le mauvais service à la Chrétienté, de réunir en un seul corps les Canons tant authentiques qu'apocryphes de l'Église.

Antiq. de la G. Belg.

Mœurs des Français.

(64) [*Lorsqu'il commença d'abolir l'usage des Combats.*] Dans une Chartre de 1145, lit-on dans *l'Espr. des Loix*, on voit qu'à Bourges, si le Prévôt avoit mandé quelqu'un, & qu'il ne fut pas venu : « Je t'ai envoyé chercher, » disoit-il, tu as dédaigné de venir ; fais-moi raison de » ce mépris », & l'on combattoit. Cette Chartre réforme cette coutume.

C'est la première atteinte que je sache avoir été portée par l'autorité royale à l'usage des combats.

Louis le Jeune défendit encore, par une Chartre de 1168, le combat judiciaire qui étoit en usage à Orléans, dans

dans les demandes pour dettes; il le défendit, dis-je, toutes les fois que la somme ne passeroit pas cinq sols.

(65) [*Payeroit sa dette à la Patrie.*] Delà il résulte encore que moi, qui me suis libéré envers elle, j'ai tout droit de lui faire ensuite acheter mes services: second inconvénient pire que le premier. Je considère ici toutes choses dans l'origine; si je faisois un Traité d'Economie Politique, je les envisagerois par rapport à l'état actuel de la Société.

(66) [*Le Domaine du Prince.*] S'il falloit s'en rapporter à Daniel, ce Domaine ne comprenoit en 1108 que Paris, Orléans, Estampes, Compiègne, Melun, & quelques autres petites Villes auxquelles Philippe I avoit ajouté Bourges.

(67) *Faisoit admirer son faste.*] Ceci semble contredit par ces Lettres multipliées de Louis VII à SUGER, où il réclame sans cesse de l'argent, comme un homme qui est dans la détresse. Mais les *Gest. Lud. VII* parlent du séjour du Roi à Jérusalem en ces termes : *Ibi fuit Curia, patens omnibus solemniter celebrata, rebus omnibus fertilis & abundans, &c.* Dans l'*Hist. Lud. VII, ann. 1146*, on lit encore qu'il fit son voyage d'Outremer *comitatu Regio.* C'étoit donc plus le transport des deniers, que la disette, qui inquiétoit.

(68) [*Le frère de Louis.*] Robert, Comte de Dreux, avoit quitté brusquement le Roi, son frère, dont les contradictions irritoient son carrctère impatient. Retourné en France, il rejetoit sourdement sur l'incapacité de Louis le mauvais succès de la Croisade, & cherchoit à soulever contre lui les esprits, pour s'emparer ensuite de la Couronne. SUGER rendit tous ses efforts inutiles

Cette affaire lui occasionna bien des soucis& du tracas ; & fit beaucoup de bruit.

(69) [*Reçoit des tributs d'admiration.*] Ce Tableau ne doit rien à l'imagination, comme on peut s'en convaincre en jetant les yeux sur la *Collection des Lettres Historiques concernant* SUGER, *t.* 4, *du Rec. de Duchesne*, & sur *la Vie de ce même Abbé, par Guillaume.* Roger, Roi de Sicile, un des plus grands Princes de son tems, lui écrivoit comme à un ami; le Roi d'Angleterre le prenoit pour arbitre dans ses différens; David, Roi d'Ecosse, lui envoya des présens considérables, &c, &c.

(70) [*Il ramène habilement deux Princes ennemis à la paix.*] Après la mort de Henri I, en Angleterre, *il avoit fallu*, selon l'expression curieuse d'un Historien contemporain, *un héritier à la mer*; le Comte d'Anjou, gendre du feu Roi, l'étoit par le droit; le Comte de Boulogne, neveu du même Prince, le devint par le fait. Le premier courut aux armes, la Grande-Bretagne perdit le tiers de ses habitans, & le Comte de Boulogne se maintint dans la faculté d'opprimer les deux autres tiers. Son rival implora le secours de Louis VII revenu d'Orient; celui-ci fondit sur la Normandie & l'en investit sous foi & hommage. Quelque tems après il fit citer son vassal, je ne sais pour quelle affaire, à la Cour des Pairs; le vassal refusa d'y comparoître, & le suzerain se saisit de Vernon. La guerre va s'allumer, & les Domaines de Saint-Denis en souffriront. SUGER écrit aussi-tôt au Monarque Français & le conjure de suspendre toute hostilité jusqu'à ce qu'il ait consulté les Evêques & les Grands de son Royaume. Autre lettre au Comte d'Anjou, où l'Abbé

Hist. Lud. VII. Gest. Lud. VII. c. 28. Ex lib. 3. Chronic. Anonym. apud Duch. t. 4. p. 443.

lui rappelle éloquemment l'étroite amitié & l'aveugle confiance, dont le Duc de Normandie son prédécesseur l'honoroit, & sur-tout l'attention avec laquelle il veilloit dans le trouble des guerres, à la conservation des biens du Monastère. Il l'exhorte ensuite à rechercher un accommodement, avant que Louis ne se ligue avec ses ennemis; *dans tous les cas*, ajoute-t-il, *je vous en supplie instamment, imitez la piété du Roi Henri de glorieuse mémoire, & respectez scrupuleusement nos possessions.* La paix se fit.

(71) [*A réduire l'Abbaye de Compiègne.*] Elle étoit regardée comme une des plus honorables & des plus brillantes du Royaume, & avoit alors pour Abbé, Philippe, frère du Roi: c'étoit moins un Chapitre de Chanoines, qu'une troupe de libertins déterminés. SUGER fut chargé par le Pape d'y porter la réforme. Il eut à combattre l'audace & la rage; une citadelle bien fortifiée lui eut moins coûté de peines & de tems; Louis *le jeune*, Raoul de Vermandois, Thibaut de Champagne & l'Evêque de Noyon s'unirent à lui; il fallut toute sa fermeté pour venir à bout des mutins, qui, après avoir été dépossédés, pillèrent l'Eglise & vouloient en ravir jusques aux Reliques. Le Réformateur y établit des Moines de son Abbaye: c'est une preuve de plus de ses talens.

N. B. On sera surpris peut-être que je n'aye rien dit du divorce qui fit perdre à Louis l'Aquitaine & la mit au nombre des possessions Anglaises en France: c'est que malgré les assertions souvent répétées de nos jours, je n'ai pas vu dans les Ecrivains originaux que si SUGER eut vécu, Eléonore de Guyenne seroit restée femme de Louis VII. Le seul Moine de Saint Denis, auteur de la vie de SUGER, protégé enthousiaste de son Abbé, & qui par conséquent n'est point toujours digne de foi, fait entendre qu'après la mort de SUGER, le Sceptre ne tarda pas à essuyer un échec considérable, & que ce fut pour n'avoir pas été aidé de ses conseils, que le Roi perdit l'Aquitaine. Ce sont là de ces conjectures & de ces oracles de Panégyriste auxquels il n'est point permis de s'arrêter, quand ils sont dénués de toute preuve.

FIN.

www.ingramcontent.com/pod-product-compliance
Ingram Content Group UK Ltd.
Pitfield, Milton Keynes, MK11 3LW, UK
UKHW020226220726
13923UKWH00002B/539